Marketing Empresarial

do Atendimento ao Encantamento do Cliente

MARCO ANTONIO SILVA

Marketing Empresarial
do Atendimento ao Encantamento do Cliente

MADRAS®

© 2008, Madras Editora Ltda.

Editor:
Wagner Veneziani Costa

Produção e Capa:
Equipe Técnica Madras

Revisão:
Arlete Genari
Silvia Massimini Felix
Mary Ferrarini

Dados Internacionais de Catalogação na Publicação (CIP)
(Câmara Brasileira do Livro, SP, Brasil)

Silva, Marco Antonio
Marketing empresarial : do atendimento ao
encantamento do cliente / Marco Antonio Silva.
São Paulo : Madras, 2008.
Bibliografia.
ISBN 978-85-370-0332-9

1. Administração de empresas 2. Clientes -
Contatos 3. Clientes - Satisfação 4. Marketing
5. Marketing de relacionamento 6. Serviço ao cliente
I. Título.
08-02408 CDD-658.8
Índices para catálogo sistemático:
1. Marketing empresarial : Administração 658.8

Proibida a reprodução total ou parcial desta obra, de qualquer forma ou por qualquer meio eletrônico, mecânico, inclusive por meio de processos xerográficos, incluindo ainda o uso da internet, sem a permissão expressa da Madras Editora, na pessoa de seu editor (Lei nº 9.610, de 19.2.98).

Todos os direitos desta edição reservados pela

MADRAS EDITORA LTDA.
Rua Paulo Gonçalves, 88 – Santana
CEP: 02403-020 – São Paulo/SP
Caixa Postal: 12299 – CEP: 02013-970/SP
Tel.: (11) 2281-5555 – Fax: (11) 2959-3090
www.madras.com.br

Dedico esta obra ao meu filho *Lucas Antonio,* que é e sempre será o meu melhor amigo, a razão da minha existência neste mundo, e prezo muito para que isso perdure por todos os dias e anos de minha vida... TE AMO...TE AMO E TE AMO...

ÍNDICE

INTRODUÇÃO 9
ADMINISTRAÇÃO DE MARKETING ORIENTADA PARA O MERCADO 13
FORMAS E ESTRATÉGIAS PARA
ATRAIR A ATENÇÃO DO CONSUMIDOR 19
    PROPAGANDA 20
    PUBLICIDADE 20
    PROMOÇÃO DE VENDAS 21
    VENDAS PESSOAIS 22
RELAÇÕES PÚBLICAS 22
    DESIGN 22
    MERCHANDISING 23
E O MARKETING PESSOAL? QUAL É SUA IMPORTÂNCIA
NO CONTEXTO EMPRESARIAL? 29
    PARA QUEM VIVE SOB PRESSÃO 38
O AMBIENTE DE MARKETING E AS OPORTUNIDADES DE MERCADO 40
SEGMENTAÇÃO DE MERCADO 41
VARIÁVEIS DE UMA SEGMENTAÇÃO DE MERCADO 41
TENDÊNCIA PARA O USO CRESCENTE DE SISTEMA
DE INFORMAÇÃO DE MARKETING 42
ENDOMARKETING 48
A EMPRESA VOLTADA PARA O CLIENTE 80

A Importância da comunicação 92
Referências Bibliográficas 106
  Bibliografia Básica 106
  Bibliografia Complementar 107

Introdução

O mercado, em todas as áreas do conhecimento, está cada vez mais competitivo; as mudanças estão ocorrendo, é muito difícil identificar uma área em que já não haja um grande número de profissionais atuando, portanto se faz necessário questionarmos os procedimentos diários em nosso ambiente de trabalho.

Uma das maneiras é olharmos para nós mesmos e iniciar um simples questionamento... O que estamos fazendo para nossa empresa? Qual o meu real papel nesta organização? O que estamos fazendo pela nossa carreira? Assim questionados, sentiremos a necessidade de sempre estar produzindo mais... de uma forma gradativa e consistente.

Sabemos que as instituições precisam adotar uma postura agressiva de aproximação com seus clientes e colaboradores, assim como enxugar seus processos para que possam atender o público final; assim, o nível de exigência está cada vez maior, tanto por parte das empresas como dos clientes.

Todo processo de aprendizagem exige um grande comprometimento, tanto da empresa como dos colaboradores... e para que todos desenvolvam suas aptidões, alcançando o máximo de aprendizagem, é preciso treinar, e treinar significa "preparar" uma pessoa ou uma equipe para executar determinadas tarefas da melhor forma possível, considerando um meio de desenvolver as competências das pessoas para que elas se tornem mais produtivas, criativas e inovadoras, a fim de contribuir para os objetivos organizacionais.

Hoje temos um cliente com um perfil bastante diferenciado, livre da desinformação e do conformismo reinantes no passado. O consumidor dos nossos dias é exigente, crítico, bem informado, consciente de seus direitos e verdadeiramente mais disputado pelo mercado.

Os administradores/gestores precisam ser modelos de comportamento e estar preparados para incluir seus colaboradores nesse jogo.

Levando-se em conta que a satisfação, ou a falta dela, está diretamente relacionada ao cliente voltar a comprar o produto ou serviços de determinada empresa e indicá-la para amigos, é bom ficar atento. Até mesmo porque o cliente que está satisfeito, e não encantado, também pode debandar para a concorrência. Na dinâmica da economia atual, empresas em todos os segmentos buscam caminhos para aumentar a satisfação dos clientes. Vender visando atender às expectativas de seus clientes deve ser o norte da bússola de sua empresa. Esse conceito já foi muito explorado e, se não é praticado por sua empresa, tenha certeza de que ela já está ultrapassada. A ordem agora é exceder as expectativas dos clientes.

Tecnologia ajuda, mas não faz milagres... Não adianta: por mais que a tecnologia facilite nossa vida, quando o assunto é "Atendimento ao Cliente", o consumidor, no mínimo, espera ter alguém de verdade do outro lado, ainda mais o consumidor brasileiro, que adora um calor humano.

Se ainda não conseguimos colocar nossos planos em ação, está chegando o momento. Pratique!!! Aproveite para rever seus conceitos, suas questões pessoais, sua empresa, seus sonhos também. Faça um balanço, valorize o que tem dado certo e mude o que lhe incomoda e tudo aquilo que você sente que não levará a lugar nenhum. Aproveite o momento para ousar, rever conceitos, refletir sobre o novo. Teste coisas que você nunca fez, experimente processos e formatos diferentes. Nenhuma empresa ou carreira está acima ou imune à inovação, mesmo a mais simples pode e deve ousar.

Quando tudo isso for feito, qualquer empresa poderá tornar-se uma temida concorrente nos mercados nacional e mundial...

Todos esses assuntos foram reunidos neste livro com o objetivo de enriquecer o seu processo de formação e, conseqüentemente, o seu futuro desempenho neste nosso mundo globalizado.

"Busque agir para o seu bem e para sua empresa enquanto você dispõe de tempo; é impossível guardar uma cabeça cheia de sonhos e não colocá-los em prática."

ADMINISTRAÇÃO DE MARKETING ORIENTADA PARA O MERCADO

Hoje em dia, fala-se muito em *"qualidade"*, **e** *"qualidade"* **nada mais é do que cumprir o que foi prometido.**

Mas, para cumprirmos os objetivos empresariais, precisamos saber alguns conceitos que podem fazer a diferença.

Vamos começar pelo tão falado ***Conceito de Marketing:***

CONCEITO BÁSICO:

Marketing nada mais é do que um conjunto de tarefas que buscam a satisfação das necessidades e desejos do público-alvo, de forma mais eficaz que os concorrentes, objetivando maior participação de mercado e resultados mais expressivos para as organizações.

O Marketing bem-sucedido envolve ter o produto certo à disposição, no lugar certo, na hora certa, e certificar-se de que o cliente tenha conhecimento do produto.

Vender é um conceito direto que envolve persuadir um cliente a comprar determinado produto. Entretanto, é apenas um aspecto da administração de marketing.

Alguns significados da palavra **MARKETING:**

MARKET	MERCADO
MARKETING	MERCADOLOGIA
MERCADOLOGIA	ESTUDO DO MERCADO

OBJETIVO PRINCIPAL DE MARKETING

Promover a integração dos elementos que compõem o ambiente interno e externo da empresa, por meio da visão consolidada do processo empresarial como um todo, na busca do melhor direcionamento dos esforços mercadológicos.

ADMINISTRAÇÃO DE MARKETING

É análise, planejamento, implementação e controle de atividades que propiciam a execução de trocas voluntárias de valores dentro do alvo mercadológico predefinido, buscando alcançar os objetivos da empresa.

Função do Marketing

- Identificar necessidades e desejos não satisfeitos dos clientes;
- Determinar os mercados-alvo que a empresa pode atender;
- Lançar produtos e serviços que realmente atendam esses mercados;
- Buscar maior conscientização dos colaboradores;
- Transformar ameaças em oportunidades.

Depois de falarmos sobre MARKETING, vamos abordar a importância de um

Planejamento Estratégico de Marketing

- Realizar previsões;
- Analisar mercado de atuação;
- Analisar comportamento, tanto do consumidor como do público interno;
- Administrar imprevistos;
- Conhecer o potencial de mercado.

O Porquê de um Planejamento Estratégico de Marketing

Um negócio só se torna lucrativo e viável quando bem administrado. E, para uma boa administração, a empresa deve conhecer seus objetivos e suas possibilidades em relação ao seu mercado de atuação. E, principalmente, devemos sair do tão falado "achismo", ou seja, não devemos "achar" nada e sim termos certeza, pois cada ação mercadológica gera custo, e hoje em dia tudo o que gera custo deve ter algum retorno.

"Assim, para que os objetivos mercadológicos sejam atingidos, é necessário o desenvolvimento e a implementação do planejamento estratégico de marketing."

"Planejar estrategicamente é criar condições para que a empresa decida rapidamente diante das ameaças e oportunidades, buscando otimizar as vantagens competitivas em relação à concorrência e ao mercado em que atua".
Phillip Kotler

Em Marketing, é sempre importante utilizarmos a **PREVENÇÃO**. Para evitar desastres, às vezes com conseqüências irreparáveis, podemos utilizar uma regra muito simples: após uma análise de mercado na qual se identificou uma necessidade, seu plano pode ser implementado respondendo às seguintes perguntas:

1 – Quais benefícios que a novidade trará para os clientes da empresa?

2 – O cliente vai entender com facilidade e rapidez o que iremos propor?

3 – Qual vai ser o impacto dessa mudança para a empresa?

4 – Alguma coisa pode dar errado? Em caso afirmativo, já pensou em alguma medida corretiva?

5 – Vamos ficar em vantagem em relação aos nossos concorrentes?

6 – Quanto vai custar para nossa empresa essa nova proposta?

7 – Todos estão envolvidos nesse novo projeto?

8 – Daqui a quanto tempo podemos avaliar esse novo programa/ projeto?

(*Carl Sewel e Paul Browon*)

O Planejamento de Marketing estabelece os objetivos da empresa e sugere estratégias para se alcançar tais objetivos.

Um Planejamento de Marketing é como um mapa... ele mostra à empresa aonde ela está indo e como vai chegar a determinados objetivos.

FORMAS E ESTRATÉGIAS PARA ATRAIR A ATENÇÃO DO CONSUMIDOR

Neste capítulo, vamos conhecer o tão falado **MERCHANDISING!!!**

HISTÓRIA DO *MERCHANDISING*

Merchandising deriva da palavra inglesa *merchandise* (mercadoria), ou seja, operar com mercadorias.

- Surgiu na década de 1930, com o comércio distribuidor;
- Século XX – surgimento do auto-serviço (*self-service*);
- Permitiu a valorização do clima promocional.

COMPOSTO PROMOCIONAL E SUAS MODALIDADES

Consiste em aplicar estratégias e ações para atingir um público-alvo, visando meios de ganhar eficiência, obtendo êxito nos investimentos.

A comunicação das empresas pode ocorrer por meio de:

- PROPAGANDA;
- PUBLICIDADE;

- PROMOÇÃO DE VENDAS;
- VENDAS PESSOAIS;
- RELAÇÕES PÚBLICAS;
- DESIGN;
- MERCHANDISING.

PROPAGANDA

Cria uma imagem favorável da empresa (produto) a médio e longo prazos, sendo fundamental na decisão da compra.

VANTAGENS:

- Atinge grande volume de pessoas;
- O produto torna-se conhecido rapidamente.

DESVANTAGENS:

- Dispersão por parte do público nos intervalos (TV);
- Os canais de comunicação da propaganda se dão na televisão, no rádio, no jornal, nas revistas, em *outdoor*, mala direta, internet.

PUBLICIDADE

Conjunto de técnicas e estratégias para promover lucro, conquistando, aumentando ou conservando clientes, favorecendo a lembrança da marca.

ENCONTRA-SE EM:

- Vitrines;
- Correio eletrônico;
- Folhetos;

- Rótulos;
- Filmes.

Promoção de Vendas

Estimula a compra, reforça e incrementa as vendas, oferecendo benefícios adicionais. Esforços específicos a curto prazo com objetivo de aumentar as vendas.

Exemplos de promoção de vendas:

- Degustações;
- Brindes;
- Cupons de descontos;
- Sorteios.

Vendas Pessoais

Estratégias de comunicação, direto da empresa com seus clientes por meio de vendedores, com o intuito de convencer, despertando o desejo de compra.

Vantagens:

- Adapta a mensagem ou apresentação de vendas de acordo com a necessidade da situação.

Relações Públicas

Relaciona-se com a imprensa e repassa informações de interesse do público.

- Atrai a atenção sobre determinada pessoa, produto ou serviço para o mercado;
- Presta serviço de consultoria empresarial sobre a posição da imagem da empresa;
- Tira o produto ou empresa do anonimato;
- Intercâmbio com *merchandising*.

Design

Conjunção de forma, estilo, funções, arte e engenharia que dão cara ao produto.

- Funcionalidade;
- Aparência;

- Decide a aceitação e preferência do produto pelo consumidor;
- Apoio ao *mix* de comunicação.

MERCHANDISING

Valorização do clima promocional, com o objetivo de levar o consumidor a efetivar a compra.

- Divulga o produto;
- Reforça a marca;
- Acelera a rotatividade;
- Diferencia da concorrência;
- Chama a atenção dos consumidores;
- Produto certo, na quantidade certa, no preço certo, no tempo certo, com impacto visual adequado;
- Influencia a decisão de compra.

VISUAL DO MERCHANDISING

- Destaca os produtos pela visualização e arrumação;
- Obedece ao *layout* da loja;
- Expõe os produtos em locais de grande fluxo;
- Mostra beleza, simpatia e charme;
- O produto vai ao encontro do consumidor.

A IMPORTÂNCIA DO MERCHANDISING

Funciona como fator de vital importância dentro da concepção de comunicação, destacando-se como estratégia de marketing, podendo ser utilizada quando:
- Apóia a propaganda e a publicidade, firmando a imagem da marca;
- Quando o fator de decisão for o preço;
- Transfere o bem com maior rapidez, estabelecendo áreas dentro da loja nas quais será possível uma venda direta.

Objetivos do Merchandising

Consiste no esforço das vendas para atrair novos clientes e vender mais, aproveitando as oportunidades.

- Estimula compras repetidas (cupons de descontos);
- Estimula compras maiores (Leve 3, pague 2);
- Ajuda no lançamento de um novo produto no mercado;
- Aumenta o índice de rotatividade dos produtos.

Obtendo maiores lucros – Diferentes conceitos no mercado

Marketing diferente de Merchandising

- **MARKETING** – estuda o planejamento e a distribuição de idéias, onde o produto deve ser inserido de maneira eficaz. O *marketing* decide o que fazer e o *merchandising* executa.
- *MERCHANDISING:* SUBFUNÇÃO DO *MARKETING.*

Diferentes conceitos no mercado – Tipos de Merchandising

Merchandising no ponto-de-venda (PDV)

- Transforma a comunicação do produto, a venda; o ambiente se torna vivo e dinâmico, quebrando a monotonia das compras; atrai o consumidor, consolidando sua fidelidade.

MERCHANDISING FORA DO PONTO-DE-VENDA

• Consiste na lembrança e memorização das marcas, reforçando a imagem institucional do produto e da empresa. Exemplos: *blimps, banners, stands, samplings,* folhetos, camisetas, bonés e brindes.

TIPOS DE MERCHANDISING

MERCHANDISING ELETRÔNICO

• Inserções dos produtos em novelas e filmes, com o objetivo de fortalecer a imagem e induzir o consumo.

MERCHANDISING EDITORIAL – TIE IN

• Aparições sutis de mais de um produto em novelas e filmes, imagens virtuais que surgem no meio de um jogo de futebol. O *Tie in* tira vantagem da imagem alheia, pois em uma propaganda pode aparecer mais de uma marca.

MERCHANDISING SOCIAL

• Estimula o discurso politicamente correto, incluindo textos nos roteiros de novelas sobre problemas da sociedade.
• Temas polêmicos e que causam discussão, como camisinha, drogas, gravidez na adolescência, violência, câncer, deficiência física, entre outros, chamando a atenção dos espectadores.

COMO APLICAR O *MERCHANDISING*

PARA UMA CORRETA APLICAÇÃO DO *MERCHANDISING*, DEVE-SE:

- Descobrir qual a imagem visual do seu produto;
- Encontrar o diferencial entre seu produto e os demais concorrentes;
- Identificar as necessidades de seu consumidor;
- Agregar valor a seus produtos com demonstrações;
- Criar materiais simples, fáceis de montar, compreensíveis e que não poluam as lojas.

BARREIRAS PREJUDICIAIS PARA O *MERCHANDISING*

- Má localização da loja, fachada feia ou escura, existência de degraus que dificultem o acesso do consumidor;
- Vitrines desorganizadas, sem preços e visual complicado;
- Escassez ou excesso de produtos;
- Tráfego excessivo, localização distante;
- Tablóides ou panfletos desestimulantes;
- Atendimento inadequado, falta de simpatia e atenção dos funcionários.

EFICÁCIA DO *MERCHANDISING* NA LUTA CONTRA A CONCORRÊNCIA

Para determinar sua eficácia, o *merchandising* necessita seguir alguns detalhes, como:

- As ações devem ocorrer no ponto-de-venda de varejo, em que a maioria das compras são decididas;
- Devem ser bem planejadas e executadas;
- Somente apresentando e expondo corretamente o produto estaremos facilitando e estimulando o consumidor a comprar.

Compra por impulso

- Desenvolveu-se a partir do auto-serviço nos supermercados;
- Processo decisório não planejado e extremamente rápido;
- Necessidade momentânea de possuir determinado produto ou lembrando o consumidor daquele produto que havia esquecido;
- Curiosidade em experimentar um novo produto visto em um comercial ou apenas porque estava em promoção.

Popai: point of purchase advertising international
Instituto de propaganda em ponto-de-venda

- Única associação internacional dedicada ao *merchandising* no ponto-de-venda;
- Com 64 anos de existência, mais de 1.700 membros e escritórios em 26 países;
- Promove, protege e fortalece os interesses da área, por meio de pesquisas, treinamento, eventos, programas de profissionalização e grupos de trabalho.

Portanto, o *merchandising*

- Consiste em ferramenta de grande importância no composto promocional;
- Tem grande efeito no processo de persuasão;
- Influencia na hora da compra;
- Promove a compra por impulso;
- Fixa a marca;
- Diferencia da concorrência;
- Atrai a atenção dos consumidores;
- Faz o estoque girar mais rápido;
- Satisfaz as necessidades dos consumidores, alavancando as vendas.

E o Marketing Pessoal? Qual é sua importância no contexto empresarial?

Conceito de Marketing Pessoal

Busca a adequação do ser humano, como produto do meio, às exigências mercadológicas, após prévio estudo e análise do ambiente em que vive ou que possa vir a freqüentar, seja familiar, social ou profissional.

Algumas Regras que Podem Fazer Muito para uma Imagem de Sucesso

- Mantenha sua imagem ligada a símbolos primários de boa educação, inteligência e honestidade;
- Passe uma imagem de importância na medida certa da simplicidade;
- Elogie, ajude, parabenize sempre e jamais faça nenhum comentário negativo sobre quem quer que seja;
- Esforce-se para ser o melhor sempre;
- Na sua derrota, elogie o vencedor; e na sua vitória, elogie o derrotado.

O grande segredo para consolidar uma imagem forte e carismática pode estar em responder aos seguintes questionamentos:

- Você tem metas?
- Sabe visualizar o que quer?

- Você tem algum planejamento de carreira ou até pessoal?
- Pensa e age para alcançar seus objetivos?
- Conhece seu público-alvo?
- Você tem algum diferencial mercadológico?

POR QUE MARKETING PESSOAL?

Para conquistarmos os objetivos profissionais, é fundamental que antes conquistemos as pessoas, desenvolvendo um *"bom marketing pessoal"*. Na aplicação de seus conceitos, crie um ambiente favorável, desenvolvendo relacionamentos pessoais e profissionais.

Alguns deles:

1 – Atitude: Você que quer realizar grandes mudanças em sua vida, comece tendo grandes atitudes que o conduzam a essa direção. Não desanime diante das dificuldades e encare as adversidades com coragem.

2 – Postura e comportamento: Sua postura e seu comportamento traduzem seus pensamentos, as pessoas devem perceber o seu melhor, e não seus problemas e dificuldades.

3 – Entusiasmo: Procure agir com entusiasmo, mantendo o otimismo e o estado de espírito elevado; sua energia e vigor aumentam e você aplica melhor tudo o que deseja.

4 – Educação: Usar palavras mágicas como: *"por favor, muito obrigado, com licença e por gentileza..."*. Estas palavras têm ótimo efeito sob as pessoas.

5 – Visual: Cuide do visual, a primeira impressão é a que fica, e nunca teremos uma segunda chance de causar uma boa primeira impressão. Em uma entrevista de emprego, é preciso saber sobre o estilo da empresa ou o perfil do cargo para estar de acordo com o que se pede.

6 – Ética e responsabilidade: Devemos ter responsabilidade por atos, palavras e pensamentos, que jamais poderão prejudicar as pessoas à sua volta. A divisão da ética e a falta dela vão depender de cada um.

7 – Preparação constante: Esteja sempre preparado para aprender coisas novas e faça bom uso disso.

Pontos Importantes de Marketing Pessoal

• É preciso estar bem organizado;

• Oferecer soluções para problemas comuns;

• Sempre debater problemas relacionados com a profissão;

- Estar atento às mudanças (sejam elas quais forem);
- Estar sempre preparado;
- Estar sempre atualizado.

· DEFINIR OBJETIVOS

Saber exatamente o que você quer e de que precisa.

· PERFIL DO MERCADO ATUAL

Como está o mercado na área em que você atua.

· FORÇAS E FRAQUEZAS

O que você já tem de diferencial na área em que atua, o que você precisa ter que ainda não possui.

· CREDIBILIDADE E QUALIDADE

Você realmente desenvolve o que informa em seu currículo?

· SER ESTRATÉGICO

Superar as expectativas das pessoas em relação a você.

· BUSCAR O MÁXIMO DE INFORMAÇÃO

Sobre o seu objetivo.

· SEJA FLEXÍVEL

Aberto a opiniões novas.

· CRIE OPÇÕES

Para chegar ao seu objetivo final.

· TENDÊNCIAS

O que você pode fazer para ter o diferencial do profissional de sua área?

- Visão

Qual a visão que eu tenho, e qual a que as pessoas têm de mim? Quanto tempo levarei para atingir meu objetivo, e o que eu posso fazer para reduzi-lo?

Regras Básicas de Marketing Pessoal

Qualquer pessoa pode e deve formular um programa de Marketing Pessoal. O primeiro passo é a auto-avaliação!!!

Próximo passo

Precisamos definir o que queremos, seja no campo profissional ou pessoal; assim, devemos executar os passos como se segue:

Análise

- Levantar informações sobre a empresa, o produto, a concorrência, o mercado em geral, o potencial do mercado, sistemas de produção e distribuição, tecnologia disponível, fatores econômicos, sociais e políticos;
- Identificar pontos fortes e fracos;
- Analisar as ameaças e as oportunidades.

Plano de ação

- Estabelecer objetivos específicos e realísticos;
- Elaborar estratégias (como fazer) e seus respectivos programas de ação e sistemas de controle;
- Analisar a verba necessária *versus* verba disponível, para o desenvolvimento do plano.

Implementação

Que todos os envolvidos recebam as orientações necessárias e que estejam conscientes sobre a importância da realização do plano, de acordo com o tempo previsto e a verba liberada, desenvolvendo cronogramas e orçamentos específicos por atividades.

CONTROLE

É o acompanhamento criterioso dos resultados para uma possível adequação das ações implementadas.

Vamos lembrar algumas posturas vencedoras:

- Competência começa com se sentir competente.

- A questão não é o quanto você se empenha.

- Criatividade não tem preço.

- Valorize as pequenas vitórias.

- Encontre o seu próprio caminho.

- Você ainda tem tempo para "chegar lá".

- O sucesso não se limita a uma única conquista.

- Enfrente os conflitos de cabeça erguida.

- Mudar é possível... mas não é fácil.

- Lembre-se de quem você é... e onde está.

- Não queira tudo.

- Escutar é a melhor defesa.

- Vencedores se fazem... não nascem feitos.

- Não pule etapas.

- Aprenda com cada experiência que tiver.
- Concentre-se no que é mais importante para você.
- Faça tudo por completo... início... meio... e fim...
- A vida pessoal e a profissional devem caminhar juntas.
- Escreva seus planos, metas e ideais.
- Negocie com confiança ou não negocie.
- Descubra o prazer do trabalho voluntário.
- O pior fracasso é não tentar.
- Tenha um humor positivo.
- Uma conquista durável é melhor do que um momento de glória.
- Passado não é futuro.
- Se você não acreditar no seu potencial... quem acreditará?
- A persistência depende de uma perspectiva mais ampla...
- Não tenha medo de aprender coisas novas.
- Não basta ter talento.
- Inspire-se em um modelo que combine com você.
- Aprenda com seus erros.
- Abandone os preconceitos.
- Não deixe o medo atrapalhar sua vida.
- Quer apoio? Faça por merecer...
- Se perder o controle, é sinal de que você não está preparado.
- Você não precisa ser o primeiro da turma.
- Aguce seu apetite pelo sucesso.

- Você é diferente de todos os outros.
- Preveja a irracionalidade.
- Não se deixe paralisar pela síndrome do "e se..."
- Procure descobrir o valor das pessoas.
- Suas metas devem evoluir com você.
- Evite o sobe e desce das emoções
- Importe-se com os outros... você não sabe o dia de amanhã.
- Confiança gera confiança.
- Não insista sempre no mesmo ponto.
- Avalie-se com realismo.
- Uma vitória a qualquer custo... não é vitória.
- O importante é começar.
- Não estrague o seu dia com coisas tão pequenas.
- Não jogue a culpa nos outros.
- Encare sempre... mas sempre mesmo... o problema de forma otimista.
- Lembre-se... seu corpo também fala.
- Cuidado com a forma de falar a verdade.
- Ressalte os aspectos positivos das pessoas.
- Se tiver que decidir, decida logo e evite sofrimento.
- Seja objetivo... sempre.
- Saiba identificar o momento certo.
- Reaja diante das atitudes negativas.
- Não dê ouvidos aos pessimistas.

- Se quiser que as coisas funcionem, acompanhe-as de perto.
- Tente entender o que as pessoas estão dizendo.
- Antes de criticar, verifique seus próprios defeitos e limitações.
- Cuidado com as "fofocas".
- Aceite o brilho dos outros.
- A catástrofe às vezes está apenas na sua cabeça.
- Segure os ímpetos.
- Você vê o que você reflete.
- Agora, pergunte-se:

Qual será a diferença entre as pessoas de *sucesso* e aquelas que não conseguem alcançar seus objetivos??????

- ***SE FOR PRECISO, MUDE!!!***

MAS MUDE AGORA!!!

Para quem Vive sob Pressão

Para você que sempre diz que vive sob pressão, seguem algumas dicas de como lidar com essa situação da melhor forma possível e ainda se sair bem:

- Tenha consciência de si mesmo;
- Utilize medidas preventivas;
- Tenha ações proativas;
- Utilize estratégias corretivas;
- Enfrente o problema;
- Saiba dizer não na hora certa;
- Procure ser assertivo;
- Crie uma forma de comunicação efetiva;
- Busque a empatia;
- Tenha uma atitude positiva;
- Saiba administrar seu tempo;
- Aprenda a lidar com mudanças;
- Construa relações consistentes.

> **Assim, mais consciente e seguro de seus atos, as pessoas terão uma nova:**
>
> **Visão sobre você...**

    E, lembre-se: duas palavrinhas mágicas estão em moda hoje em dia:

COMPROMETIMENTO E INICIATIVA!!!

O Ambiente de Marketing e as Oportunidades de Mercado

Voltando a falar de mercado: Marketing é um ambiente abstrato, dinâmico, com potencial econômico, com possibilidades de crescimento ou de adequação e composto dos mais variados tipos de clientes.

E BUSCA-SE O EQUILÍBRIO DE MERCADO POR MEIO DE:

- **Demanda** – é a quantidade de produtos ou serviços que os consumidores desejam adquirir por um determinado período de tempo.

- **Oferta** – é a quantidade de produtos e serviços disponíveis no mercado por um determinado período de tempo.

Fatores que Afetam esse Equilíbrio

- Socioeconômico: pense no momento econômico certo.
- Ordem psicológica: será que seu consumidor está preparado para adquirir seus produtos ou serviços?
- Ordem política: o momento político também deve ser levado em conta.

SEGMENTAÇÃO DE MERCADO

É o processo de dividir mercados em grupos de consumidores potenciais com necessidades, desejos e características similares, que provavelmente exibirão comportamentos semelhantes.

VARIÁVEIS DE UMA SEGMENTAÇÃO DE MERCADO

- Características geográficas;
- Demográficas;
- Socioeconômicas;
- Psicológicas;
- Mercadológicas.

A importância da Segmentação de Mercado para as empresas está em direcionar *o produto certo para o público certo*, ou seja, cada região ou cada público tem necessidades diferentes, e as empresas precisam estar atentas a essas diferenças.

TENDÊNCIA PARA O USO CRESCENTE DE SISTEMA DE INFORMAÇÃO DE MARKETING

A utilização do Sistema de Informação de Marketing está relacionado às seguintes questões:
- Número crescente de empresas que estão expandindo suas linhas de produto;
- Aumento da composição e do ciclo de vida do produto;
- Crescente busca de redução de custo;
- Decisões a serem tomadas rapidamente;
- Busca da informação mercadológica correta.

Assim, as empresas precisam levar em consideração esses questionamentos, pois *a concorrência está aí!!!!* Será que nossa empresa está preparada para enfrentá-la?

FALA-SE MUITO NOS 4 Ps DE MARKETING!!!! ENTÃO, VAMOS ENTENDER SUA APLICAÇÃO NO MERCADO

Quanto ao PONTO de distribuição, quais as perguntas que devem ser respondidas?

- Quais intermediários podem trabalhar nossos produtos?
- Existem novas formas de distribuição para nossos produtos?
- Quais medidas são necessárias para motivá-las a trabalhar nossos produtos?
- Que fazer para ganhar exclusividade?

Quanto ao PREÇO, quais as perguntas que devem ser respondidas?
- Como estabelecer preços coerentes com o mercado?
- Como reagir à redução de preço do concorrente?
- Como reagir a uma possível instabilidade econômica?

Quanto ao PRODUTO, quais as perguntas que devem ser respondidas?
- Que atributos e benefícios são importantes?
- Qual embalagem é a mais adequada?
- Que "tipo, sabor, cor" são mais agradáveis?

Quanto à PROMOÇÃO, quais as perguntas que devem ser respondidas?
- Que tipo de promoção é a mais adequada?
- Quanto à sazonalidade dos produtos?
- Como estabelecer uma política de desconto?

Outra etapa importante é o treinamento (ninguém nasce sabendo). É função dos empreendedores do futuro treinar seus colaboradores... assim como dizem os especialistas nesse assunto.

O TREINAMENTO

"Treinamento é a experiência aprendida que produz uma mudança relativamente permanente em um indivíduo e que melhora sua capacidade de desempenhar determinados cargos."

Idalberto Chiavenatto

"Treinamento é o processo educacional de curto prazo aplicado de maneira sistemática e organizada, por meio

do qual as pessoas aprendem conhecimentos, atitudes em razão de objetivos definidos."
Alexander Simon

Diagnóstico das Necessidades de Treinamento

A primeira etapa do treinamento é o levantamento das necessidades que a organização apresenta, pois nem sempre são muito claras e precisam ser diagnosticadas a partir de certos levantamentos e pesquisas internas capazes de localizá-las e descobri-las.

"Não se mexe em time que está ganhando"... Isso é paradigma, pois se mexe sim... Se a empresa está crescendo 10, 20%, será que não dá para crescer 30, 40%?

Indicadores de necessidades de treinamento

- Expansão da empresa;
- Admissão de funcionários;
- Mudanças de métodos e processos de trabalho;
- Faltas, licenças e férias de pessoal;
- Modernização dos equipamentos;
- Baixa qualidade e baixa produtividade;
- Comunicação deficiente;
- Excesso de erros;
- Pouca versatilidade dos funcionários;
- Número excessivo de queixas;
- Mau atendimento.

UM PROGRAMA DE TREINAMENTO BEM-SUCEDIDO PODE PROPORCIONAR:

AVALIAÇÃO DOS RESULTADOS DO TREINAMENTO

- Aumento da eficácia organizacional;
- Melhoria da imagem da empresa (instituição);
- Melhoria do clima organizacional;
- Melhor relacionamento empresa-colaborador;
- Melhor atendimento ao público-alvo;
- Facilidade de mudanças e inovação;
- Aumento de eficiência;
- Envolvimento de todos os colaboradores.

AVALIAÇÃO DOS RECURSOS HUMANOS

- Aumento da eficiência individual;
- Elevação dos conhecimentos;
- Mudanças de atitudes;
- Aumento das competências;
- Melhoria de qualidade de vida no trabalho.

A saída, então, é Treinamento, pois ninguém faz negócios com empresas, e sim com pessoas. Muitas empresas investem milhões de reais com o objetivo de gerar relacionamento e fidelidade de seus clientes, mas ignoram o óbvio, o evidente e a mais simples prática de como manter o relacionamento com o cliente. Relacionamento com o cliente é assunto sério, é um divisor de águas que muitas vezes explica a ascensão de pequenas empresas em tão pouco tempo. As empresas de sucesso são aquelas que, em primeiro lugar, como ponto de partida, constroem as melhores equipes de vendas.

As empresas que têm os melhores profissionais colhem os melhores resultados e, para isso, o treinamento é a melhor saída. Só conseguimos vender mais para alguém quando sabemos exatamente o que esse alguém quer comprar; assim, quem determina o perfil do vendedor é o cliente e, quando ele rotula o vendedor como aquele protótipo profissional que só quer empurrar seu produto, ele se afasta e procura a concorrência. Sendo assim, o que se precisa é fazer de tudo para que o cliente o veja não como profissional que está preocupado em simplesmente vender algo, e sim como o vendedor comprometido e interessado em ajudá-lo a fazer a melhor compra.

Vendedor nos dias de hoje tem de ser treinado para sair a campo ou atender por telefone, pois ele é o profissional que deve desenvolver competências que o qualificam a conduzir a missão de solucionar os problemas dos clientes, transmitindo que a experiência de compra seja justa e prazerosa.

Preço baixo nem sempre é motivo para que o cliente escolha sua empresa, pois muitas vezes é melhor investir nesses detalhes do que baixar sua margem de lucro.

ENDOMARKETING

Neste capítulo, não poderíamos deixar de falar sobre *esse conceito.*

De uma forma bem simplificada, podemos assim classificar e conceituar

Endomarketing – Conceito / Definição

- Sinergia
- Comunicação
- Integração
- Treinamento
- Colaboradores como Clientes
- Produtos e Serviços Eficazes
- Clima / Cultura Organizacional
- Valores Visão
- Desempenho Superior

Segundo Philip Kotler, o **Marketing Interno** deve **preceder o** Marketing Externo

O bom relacionamento com os colaboradores é fator crítico para o sucesso das organizações

É o Marketing Interno de uma organização que objetiva levar seus colaboradores a um alto grau de percepção dos valores e metas organizacionais.

Dicionário de Termos de Recursos Humanos

ENDO: Movimento para dentro.
Endomarketing
Ações de Marketing para o
Público Interno.

Endomarketing

*"É tratar com RESPEITO, DIGNIDADE e PROFISSIONALISMO
os COLABORADORES, de forma que o resultado desse
tratamento estabeleça um modelo de CONDUTA e
EXEMPLO, permeando os relacionamentos
da empresa, sejam eles
INTERNOS e/ou EXTERNOS."*

Missão / Visão / Valores / Objetivos

⬇ ⬇ ⬇ ⬇ ⬇ ⬇

COMUNICAÇÃO

⬇ ⬇ ⬇

Comprometimento dos Colaboradores

Resultados

Como eu posso **ENCANTAR** o Cliente Externo, se o meu Cliente Interno está Desencantado?

Endomarketing

*"O **VALOR** de uma empresa está cada vez mais condicionado a **BENS INTANGÍVEIS**, como o **CONHECIMENTO** e as **IDÉIAS** das **PESSOAS**."* Karl Erik Sveiby

Endomarketing

Cenários de Mutação

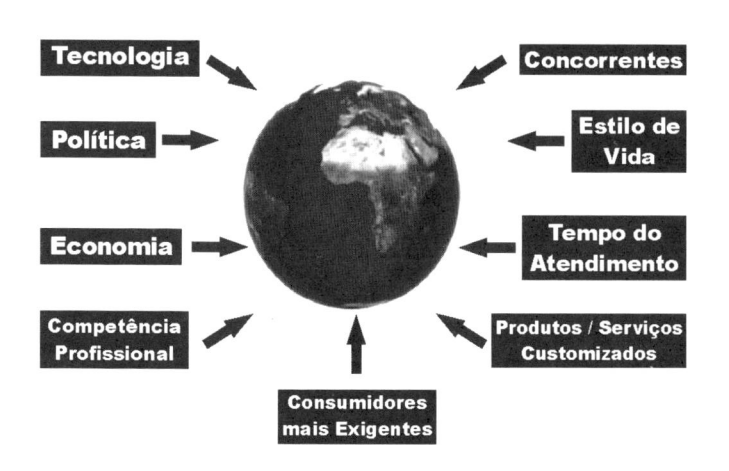

- Tecnologia
- Política
- Economia
- Competência Profissional
- Consumidores mais Exigentes
- Concorrentes
- Estilo de Vida
- Tempo do Atendimento
- Produtos / Serviços Customizados

Percepção

Mais do que Satisfazer, precisamos agora ENCANTAR nossos CLIENTES.

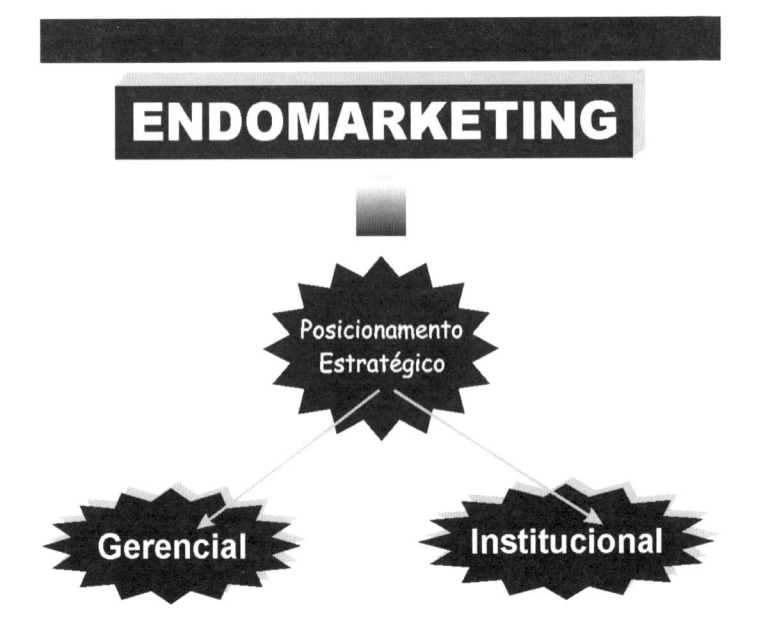

ENDOMARKETING

- Posicionamento Estratégico
  - Gerencial
  - Institucional

Prática gerencial

ENDOMARKETING

Posicionamento Estratégico

Gerencial

Prática Institucional

ENDOMARKETING
↓
Posicionamento Estratégico
↓
Institucional

Como poderemos ter empresas competitivas, se os COLABORADORES não sabem para onde seguir, se não conhecem quais os objetivos que a empresa deseja atingir?

Comprometer os COLABORADORES com o quê ?

Prática Institucional

Integração de novos colaboradores;

Carta do presidente;

House Organ (Jornal Interno);

Termômetro emocional;

Café da manhã;

Almoço;

Programa portas abertas;

Cartazes motivacionais e Informativos;

Mural digital;

Treinamento constante;

Intranet;

Etc.

Concluíndo...

Cuide bem dos Colaboradores, que eles cuidarão bem dos clientes.

Coloque os COLABORADORES em 1º lugar, que eles colocarão o CLIENTE EXTERNO em 1º lugar.

O texto a seguir condiz muito com a realidade de empresas despreparadas ou nas quais o treinamento só ficou na teoria.

Quem Sou Eu?

Eu sou a pessoa que vai a um restaurante, senta-se à mesa e pacientemente espera enquanto o garçom faz tudo, menos o meu pedido.

Eu sou a pessoa que vai a uma loja e espera calada, enquanto os vendedores terminam a sua conversa particular.

Eu sou a pessoa que entra em um posto de gasolina e nunca toca a buzina, mas espera pacientemente que o funcionário termine a leitura do seu jornal.

Eu sou a pessoa que explica a sua desesperada e imediata necessidade de uma peça, mas não reclama quando a recebe após três semanas, somente.

Eu sou a pessoa que quando entra em um estabelecimento comercial parece estar pedindo um favor, ansiando por um sorriso ou esperando, apenas, ser notada.

Eu sou a pessoa que entra em um banco e aguarda tranqüilamente que as recepcionistas e os caixas terminem de conversar com seus amigos, e espera pacientemente enquanto os funcionários trocam idéias animadas entre si ou, simplesmente, abaixam a cabeça e fingem que não me vêem.

Você pode estar pensando que SOU uma pessoa quieta, paciente, do tipo que nunca cria problemas.

Engana-se.

Sabem quem sou eu?

Eu sou o **Cliente** que nunca mais volta.

Divirto-me vendo milhões sendo gastos todos os anos em propaganda para levar-me de novo à sua empresa.

Quando fui lá pela primeira vez, tudo o que deviam ter feito era apenas a pequena gentileza de um pouco mais de atenção.

(fonte desconhecida)

Esse texto reflete muito o que as empresas despreparadas enfrentam. Podemos mudar esse quadro!!! Então, vamos lá!!! Vamos entender Esse Mercado e, melhor ainda, vamos agir em função dele!!!

CONCORRÊNCIA:

Vivemos em um mundo globalizado, do ponto de vista econômico, a maior conseqüência dessa globalização para nós é a **competição**.

A concorrência entre profissionais está cada vez mais:

Acirrada = dura, forte. Vivemos uma "guerra profissional".

Crescente = cada dia que passa, a competição aumenta, surgem novos competidores no mercado. A competição hoje não é mais local, mas, sim, global.

> Quem ganha com isso? **O Cliente!**
> Por que o cliente está ganhando?
> O que está mudando?

Aliás, Você sabe o que seus concorrentes andam fazendo???

Pois é!!! Eles andam se preparando cada vez mais para atender às expectativas de seus clientes.... E qual a fórmula mágica para isso???? Não existe fórmula!!! Basta apenas se preparar!!! Sabendo-se que hoje em dia é o cliente quem determina o que quer, buscando sempre: ***Preço, Qualidade e Satisfação!!!,*** assim, mais conscientes de seus direitos, os clientes passaram a ditar as regras do mercado... E nós temos que nos adaptar a esse momento. Uma empresa, qualquer que seja o segmento, deve sempre estar voltada para o cliente, criando um banco de dados, não só para lembrar de seu aniversário ou enviar um cartão de Natal. Estabeleça sempre um padrão de atendimento, desde a pré-venda até o pós-venda. Oriente sempre o comportamento de seus colaboradores e nunca, mas nunca mesmo, deixe o cliente sem resposta. Saiba que clientes que permanecem, compram e adquirem mais nossos produtos e serviços com o passar do tempo. Clientes satisfeitos recomendam, e uma boa recomendação é a melhor propaganda de sua empresa. Busque sempre conscientização de todos os colaboradores quanto à importância do cliente para a empresa.

> *"Seus clientes têm mudado muito nos últimos anos. Suas exigências estão crescendo, sua paciência diminuindo. Mudanças notáveis na economia global lhe deram o poder de sultão para exigir exatamente o que querem, a um preço que fará você chorar. E você oferece ou desaparece".*
>
> Phillip Kotler

Entenda o Círculo do Mercado Muito Bem Especificado por Sérgio Almeida

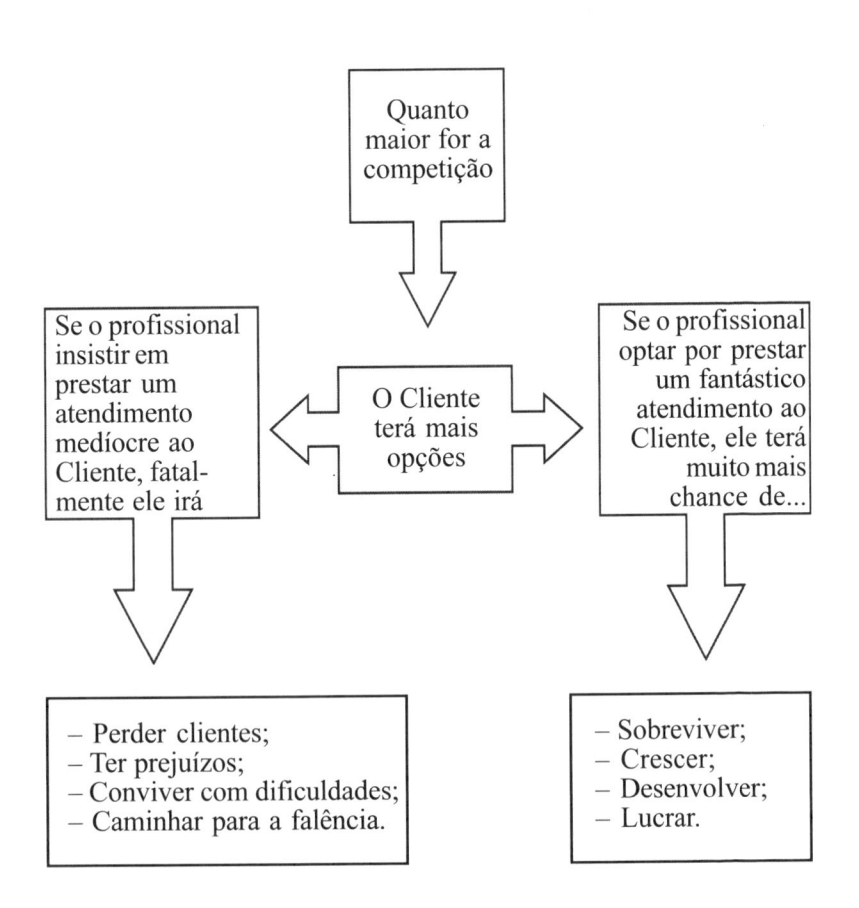

```
                    ┌─────────────┐
                    │   Quanto    │
                    │  maior for a│
                    │  competição │
                    └──────┬──────┘
                           ▼
┌──────────────────┐  ┌─────────────┐  ┌──────────────────┐
│ Se o profissional│  │             │  │ Se o profissional│
│ insistir em      │  │  O Cliente  │  │ optar por prestar│
│ prestar um       │  │  terá mais  │  │ um fantástico    │
│ atendimento      │◄─┤             ├─►│ atendimento ao   │
│ medíocre ao      │  │   opções    │  │ Cliente, ele terá│
│ Cliente, fatal-  │  │             │  │ muito mais       │
│ mente ele irá    │  └─────────────┘  │ chance de...     │
└────────┬─────────┘                   └────────┬─────────┘
         ▼                                      ▼
┌──────────────────────────┐         ┌──────────────────┐
│ – Perder clientes;       │         │ – Sobreviver;    │
│ – Ter prejuízos;         │         │ – Crescer;       │
│ – Conviver com dificuldades; │     │ – Desenvolver;   │
│ – Caminhar para a falência. │      │ – Lucrar.        │
└──────────────────────────┘         └──────────────────┘
```

> "Ganharão os profissionais que têm como missão não só satisfazer, como exceder as expectativas de seus clientes."
>
> *Marcos Cobra*

ENCANTANDO O CLIENTE

ERA DO PRODUTO X ERA DO CLIENTE

Com a globalização, saímos da era do produto e entramos na era do cliente. Na era do produto, era a empresa que vendia; hoje, na era do cliente, é o cliente quem compra, é o cliente quem determina o que quer, buscando sempre *preço*, *qualidade* e *satisfação*. Assim, mais consciente dos seus direitos, passou a ditar as regras do mercado.

DO ATENDIMENTO AO ENCANTAMENTO

Desencantadora: situação em que o padrão do serviço fornecido pela empresa está abaixo da expectativa.

Normal: esse tipo de empresa tem como prática atender às expectativas.

Encantadora: trata-se da empresa que, além de atender aos requisitos e às práticas usuais, surpreende de forma positiva.

Quando uma ação de marketing é bem-sucedida, a notícia corre de boca a boca, que hoje denominamos *marketing viral,* ou seja, é como um vírus, vai se espalhando entre as pessoas, e pouco esforço de vendas é exigido. Entretanto, para que isso ocorra, é necessário conhecer um pouco dos hábitos de consumo dessa nova geração de consumidores. O primeiro passo é conscientizar-se de que o poder migrou das mãos das empresas para as dos clientes, agora são eles que dão as cartas e a empresa não pode mais blefar, porque é com cartas abertas que todo mundo vê seu jogo. Ontem nos preocupávamos com vendas, cumprir metas/objetivos; hoje, com os serviços de atendimento ao cliente.

O marketing, com suas ações para encantar e agradar ao cliente e a parte financeira, tem obrigação de se adaptar às exigências desse novo mercado. Antes focávamos nos vendedores, agora focamos em todos os funcionários, que passaram a ter peso importante no contexto de gerar vendas.

Nunca foi tão certa a afirmação de que, se você está fazendo a mesma coisa há muito tempo, sem dúvida está fazendo a coisa certa. A verdade é que não existe mais espaço para amadorismo e incompetência. Vivemos uma era que se caracteriza por ser uma ruptura nos hábitos de consumo. Quanto maior for a expectativa de nossos clientes, se nós não estivermos atentos a essa situação, maior também será o risco de nossa empresa ficar frustrada. Assim preparados, podemos oferecer para nosso público tudo o que ele quer... tudo o que ele procura... e todo processo de aprendizagem exige uma série de comprometimento, tanto da empresa como dos colaboradores. Os futuros gestores precisam começar a adotar um modelo de comportamento e estar preparados para incluir seus colaboradores nesse jogo. Quando isso tudo for feito, qualquer empresa poderá tornar-se uma temida concorrente no mercado.

Expectativas do cliente

- Bons produtos e serviços;
- Opções de produtos e serviços;
- Bons preços e condições de pagamento;
- E que se cumpra o prometido.

> JAMAIS PODE SER ESQUECIDO, NA ERA DO CLIENTE, QUE SEMPRE SERÁ A EMPRESA A SE ADAPTAR AO MERCADO, E NUNCA O MERCADO À EMPRESA.

Com a Era do Cliente, chegou também a **ERA DOS SERVIÇOS**, fazendo da prestação de serviços um diferencial, pois, ao comprar um produto, os clientes estão buscando algo a mais, algo que demonstre o quanto são importantes para a empresa, e o quanto a empresa está disposta a fazer por eles.

Mas, afinal, o que vem a ser Serviços?

Serviços é vender, armazenar, entregar, inventar, selecionar pedidos, relacionar-se com os colegas de trabalho; enfim, tudo o que é desenvolvido dentro de uma empresa deve ser considerado serviço, pois o resultado de toda e qualquer atividade, independentemente de seu setor de execução, exerce um impacto sobre a qualidade real percebida pelo cliente.

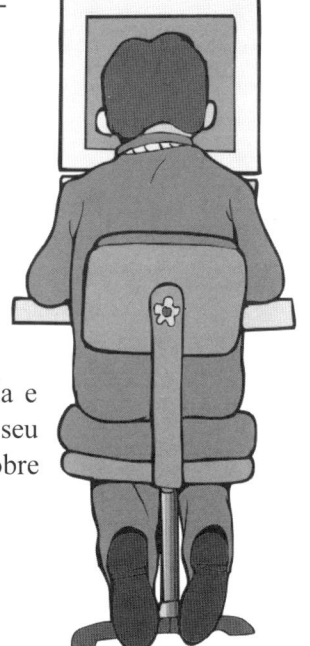

O SERVIÇO COM QUALIDADE BUSCA:

- A manutenção dos clientes atuais;
- O desenvolvimento de novos clientes;
- Uma maior participação de mercado;
- Uma imagem positiva e reconhecida no mercado.

EM TERMOS DE ATITUDE, O SERVIÇO TRANSMITE:

consideração	integridade
confiabilidade	atendimento
eficiência	disponibilidade
amabilidade	conhecimento
reconhecimento	profissionalismo

PARA ESTABELECER UMA ESTRATÉGIA DE SERVIÇO, A EMPRESA PRECISA:

- Conhecer seus clientes, suas necessidades e suas expectativas;
- Compreender como os serviços podem ser usados para criar uma vantagem competitiva;
- Saber o que os clientes potenciais preferem, os produtos e os serviços dos concorrentes;
- Conhecer os concorrentes e o mercado em geral;
- Estar consciente e comprometido com as necessidades dos clientes;
- Ter uma visão de futuro, buscando sempre um diferencial no mercado;
- Criar um clima favorável, proporcionar aos funcionários o conhecimento e as condições adequadas de trabalho, para que possam desenvolver as habilidades necessárias, para o melhor atendimento ao cliente.

"Serviço, serviços, mais serviços, é o que conta hoje em dia."

"Os serviços não são mais subprodutos, eles são o próprio produto."

Dentre os serviços prestados ao cliente, o ATENDIMENTO destaca-se, de modo especial, como um forte instrumento de diferenciação.

"Um fantástico ATENDIMENTO ao Cliente é uma forma de diferenciar-se da mesmice dos produtos e serviços."

"Essa história de 'vestir a camisa da empresa' é coisa do passado. Hoje, todos, sem exceção – do presidente ao *office-boy* –, têm de usar a camisa do Cliente. Só vestindo a camisa do Cliente é que a empresa pode realizar sua meta maior: LUCROS!
Em um mercado altamente competitivo, não há outro caminho.
O Cliente é o atual e verdadeiro patrão!"

Sérgio Almeida

"Clientes podem demitir todos de uma empresa, do alto executivo para o baixo, simplesmente gastando seu dinheiro em outro lugar."

"Haverá, cada vez mais, menos espaço dentro das empresas competitivas para profissionais que não tenham uma estratégia pessoal de se relacionar com o Cliente de forma extraordinária. Portanto, cativar o Cliente com um 'fantástico atendimento' é uma estratégia inteligente de garantir o seu espaço na empresa."

Sérgio Almeida

Alguns motivos para Atender e principalmente Atender bem....

Ordem Material

Para quem quer ganhar dinheiro, ter empregabilidade e crescer profissionalmente ou, como alguns diriam, "subir na vida".

Mesmo que a pessoa só pense em dinheiro e acredite que o único objetivo na vida é ganhar cada vez mais, essa pessoa deve entender que hoje, com o mercado extremamente competitivo, que oferece ao Cliente inúmeras possibilidades, não há outra forma de "lucrar" ou ter um bom emprego, se não for satisfazendo plenamente seu Cliente. Portanto, mesmo que seja de forma "hipócrita", "interesseira", ainda assim, tenha uma estratégia/atitudes para relacionar-se de forma extraordinária com seu Cliente.

De ordem intelectual/filosófica

Para os que almejam crescer como pessoa, e que entendem que ao servir bem ao outro (o Cliente) temos uma grande oportunidade de troca, de interação e crescimento.

Como um passe de mágica, as portas sempre se abrem e as oportunidades surgem para as pessoas dispostas a servir.

Servindo bem, criamos, de forma natural, a obrigação de os outros (o Cliente) retribuir, seja em forma de elogios, recomendações, reconhecimentos, etc.

Os setes pecados de atendimento ao Cliente

1º Apatia
Os profissionais de uma empresa não demonstram que se importam com o cliente.

2º Má vontade
Os profissionais tentam livrar-se do Cliente sem resolver o problema dele.

3º Frieza
O Cliente é tratado de forma distante, até desagradável.

4º Desdém
Há profissionais que se dirigem ao Cliente de cima para baixo, como se ele não soubesse nada, fosse uma criança. Isso enfurece as pessoas.

5º Robotismo
O profissional deixa de agir como se fosse uma pessoa e repete sempre a mesma coisa, da mesma maneira, com os mesmos movimentos, como se estivesse em outro lugar.

6º Demasiado apego às normas
Acontece com os profissionais que dizem "sinto muito, mas não podemos ser flexíveis".

7º Jogo de responsabilidade
A síndrome do vai-para-lá-e-para-cá. Há profissionais que mandam o Cliente de um lugar para outro, sem nunca resolver nada.

Sérgio Almeida

ATITUDES ASSERTIVAS PARA UM ATENDIMENTO

- Postura
- Apresentação impecável
- Astral
- Empatia
- Saber escutar
- Gentileza
- Disposição
- Rapidez
- Tranqüilidade
- Sinceridade
- Comunicação correta
- Precisão
- Compromisso

MAIS DICAS PARA O ATENDIMENTO

- Mesmo que o cliente altere o tom de voz, não faça o mesmo.
- Esteja concentrado e com muita atenção à conversa.
- Cuidado para não cair em tentação de deduzir o que o cliente precisa.
- Identifique o tipo de personalidade do cliente.
- Seja didático, tenha paciência.
- O cliente não entendeu, procure outro meio para explicar.

AGORA SEGUEM ALGUMAS DIRETRIZES PARA ENCANTAR

- Atenda o cliente como gostaria de ser atendido.
- Não deixe que nenhum cliente saia sem ser atendido.
- Nunca engane o cliente.
- Se precisar realizar cobranças, seja diplomático.
- Caso seja necessário realizar assistência técnica, seja prestativo.

- No caso de montagens e entregas, cumprimentos de prazos é primordial.
- Proporcione um ambiente agradável no ponto-de-venda.
- Mantenha os produtos expostos em perfeito estado.

VAMOS ATENDER!!!

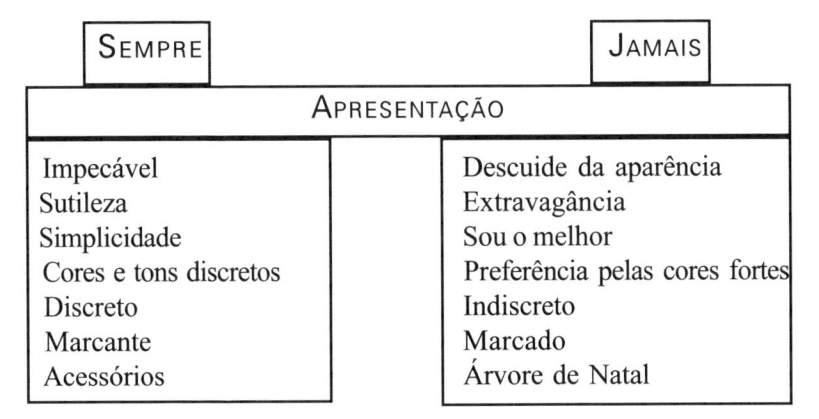

SEMPRE	JAMAIS
APRESENTAÇÃO	
Impecável	Descuide da aparência
Sutileza	Extravagância
Simplicidade	Sou o melhor
Cores e tons discretos	Preferência pelas cores fortes
Discreto	Indiscreto
Marcante	Marcado
Acessórios	Árvore de Natal

"Boa aparência vale mais do que carta de referência."

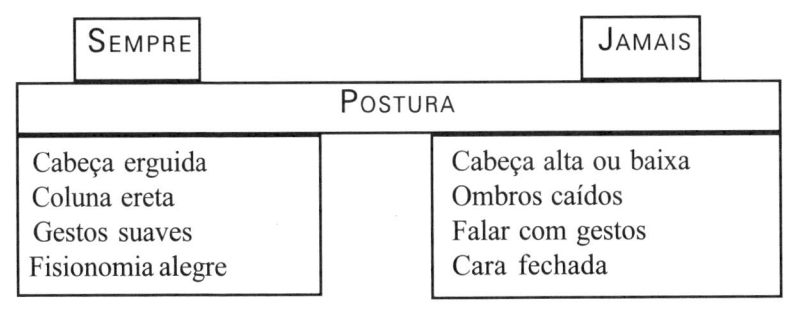

SEMPRE	JAMAIS
POSTURA	
Cabeça erguida	Cabeça alta ou baixa
Coluna ereta	Ombros caídos
Gestos suaves	Falar com gestos
Fisionomia alegre	Cara fechada

"O corpo fala... e diz muitas coisas."

"Virtude do sorriso"

Um sorriso custa pouco e lucra tanto!
Enriquece os que recebem,
Não empobrece os que dão,
Dura apenas um instante,
Mas sua lembrança é por vezes eterna.
Ninguém é bastante rico para desprezá-lo.

O PERFIL DO NOVO PROFISSIONAL

Habilidades pessoais

- Ser dinâmico, entusiasmado
- Organizado
- Seguro, eficiente
- Atencioso
- Perspectivo
- Usar um bom português, boa dicção
- Ser prestativo, persistente
- Criativo e inovador

Habilidades técnicas

- Ter conhecimento do produto, da empresa
- Saber prospectar
- Saber identificar necessidades de clientes
- Saber negociar
- Saber superar objeções
- Administrar seu tempo
- Cumprir roteiros e planejamentos

Relacionamento interpessoal

- Ser flexível
- Saber comunicar-se
- Saber ouvir

- Ter empatia
- Buscar soluções rápidas
- Policiar-se com relação a pré-julgamentos

Você poderá dizer: Mas precisa de tudo isso? Eu diria: É só isso!

Ou seja, pelo menos isso, caso você queira se destacar no mercado!!!!!

E O LÍDER DO FUTURO!!!
QUAIS OS PRINCIPAIS ATRIBUTOS?

- Confiança
- Otimismo
- Conhecimento
- Determinação
- Mente aberta
- Participação
- Paciência
- Coragem
- Comunicação
- Ser um modelo para a equipe

DESAPARECE O CHEFE E ENTRA O LÍDER

Chefiar é simplesmente fazer um grupo funcionar para que sejam atingidos determinados objetivos, enquanto ***liderar*** é mais do que isso, é a habilidade de exercer influência e ser influenciado pelo grupo por meio de um processo de relações interpessoais adequadas para a consecução de um ou mais objetivos comuns a todos os colaboradores.

O CHEFE TEM A VISÃO DE QUE: O LÍDER TEM A VISÃO DE QUE:

MAIS ALGUMAS DIFERENÇAS ENTRE CHEFE E LÍDER:

Administra recursos humanos	Lidera pessoas
Precisa ganhar sempre	Precisa ganhar mais do que perder
Tem todo o poder	Tem competência
Conflitos são aborrecimentos	Conflitos são lições
Crises são riscos	Crises são oportunidades
Trabalha por dinheiro	Também trabalha por dinheiro
Tem subordinados	Agrega colaboradores

Líder: Tenta mudar seu próprio comportamento
Chefe: Tenta mudar o comportamento dos outros
Líder: Admite que possa estar errado
Chefe: O problema sempre está nos outros
Líder: Faz parte da solução do problema
Chefe: O problema é de vocês!!!
Líder: Busca e enfatiza as possibilidades
Chefe: Enfatiza sempre os problemas
Líder: Aceita que as pessoas sejam diferentes
Chefe: Não aceita o direito que as pessoas têm de Ser e Fazer diferente
Líder: Sabe quando deve se manter firme e quando é a sua vez de ceder
Chefe: Teimosia e truculência... Dono da verdade
Líder: Discorda, mas oferece alternativas
Chefe: Discorda... sem oferecer alternativas
Líder: Administra conflitos abertamente

Chefe: Não administra... só reclama
Líder: Disposto a aprender sempre
Chefe: Você sabe quantos anos de experiência eu tenho nesse assunto???
Líder: Quando não alcança o resultado desejado, muda a estratégia
Chefe: Continua com a mesma estratégia, mesmo que esteja perdendo
Líder: Podemos melhorar sempre, mesmo nas vitórias
Chefe: Não se mexe em time que está ganhando
Líder: Desta vez, vamos conseguir
Chefe: Já tentamos várias vezes, vai dar errado!!!
Líder: Nem tudo pode ser mudado, mas nada pode ser mudado se não for tentado
Chefe: Não vai dar... É impossível!!!
Líder: Vamos ouvir os colaboradores
Chefe: Para que ouvir, a decisão tem de ser da chefia
Líder: Cometi um erro, vou corrigi-lo
Chefe: A culpa não foi minha

A questão é:
- Chefiar é fazer com que as pessoas façam o que é preciso.
- Liderar é fazer com que as pessoas queiram fazer o que é preciso.

Para reflexão:
- Estamos nos preparando para liderar???

Líder autêntico:
Verdadeiro quanto ao que diz e ao que faz...

O líder de amanhã:
Além das aptidões tangíveis, possui outras intangíveis:

INTEGRIDADE
                    HONESTIDADE
                                        LEALDADE

MISSÃO DO LÍDER DO FUTURO

Alguém capaz de desenvolver uma cultura ou um sistema baseado em princípios, mostrando coragem, iniciativa, comprometimento e humildade de aprender e crescer continuamente.

CONVICÇÕES DE UM LÍDER

- Fixar objetivos e estabelecer metas
- Educar
- Manter relações interpessoais
- Inovar e despertar criatividade
- Delegar
- Conduzir mudanças

ATRIBUIÇÕES DO LÍDER

· COMO TÉCNICO:

Planejar o trabalho, conhecer os colaboradores e a operalização de métodos e técnicas.

· COMO ADMINISTRADOR

Conhecer e atender a organização, conhecer o pessoal e sua potencialidade, assim como as normas administrativas; controlar e reduzir custos.

· COMO GESTOR

Cumprimento das regras e normas, manter a disciplina, atender e prevenir as reclamações e queixas, assim como se preocupar com o bem-estar do pessoal.

> "Todas as operações de negócios podem ser reduzidas a três palavras: pessoas, produtos e lucros. As pessoas estão em primeiro lugar. Se você não tiver uma boa equipe, não poderá fazer grande coisa com o resto."
>
> *Lee Iacocca*

"Chefiar é fazer com que as pessoas façam o que é preciso; liderar é fazer com que as pessoas queiram fazer o que é preciso."

Quantas vezes você pensou em mudar o mundo, mas ficou desencorajado já nas primeiras dificuldades? Quantos objetivos você estabeleceu e que ficaram simplesmente esquecidos? Quantas vezes você ficou parado pela opinião dos outros? Quantas vezes você criou mais desculpas do que resultados?

Quantas vezes mais você vai aceitar menos do que é capaz? Já não está na hora de viver sua vida com todo o seu valor e potencial?

Este momento, bem agora, está conectado diretamente com seu futuro, você só precisa viver com paixão, propósito e dedicação este momento, e depois o próximo momento, e mais outro, um por vez. Em breve, você estará no caminho para conseguir tudo aquilo que quer. Você pode controlar completamente o que você está fazendo neste exato instante.

Sinta como isso funciona

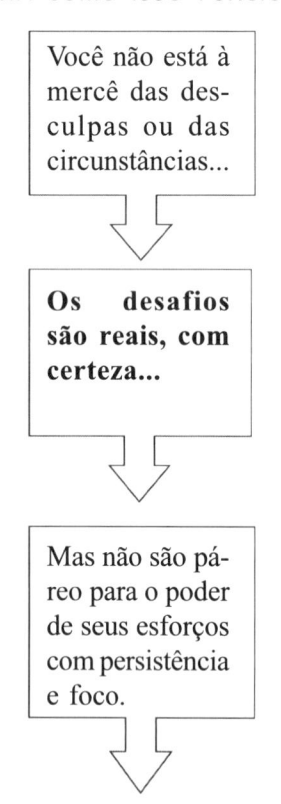

> Você não está à mercê das desculpas ou das circunstâncias...

⬇

> **Os desafios são reais, com certeza...**

⬇

> Mas não são páreo para o poder de seus esforços com persistência e foco.

⬇

> Um momento por vez, um momento depois do outro – esse é o caminho para transportá-lo diretamente ao seu futuro virtuoso. Qualquer momento serve como um começo. Faça com que seja agora.

Bem-sucedida será a empresa que estiver voltada para o cliente.

Nem todos os atendimentos vão gerar uma venda, mas, todos os atendimentos são de fundamental importância para o retorno de um cliente em potencial.

Atendimento telefônico

Para você que trabalha ao telefone, algumas dicas que podem fazer a diferença:

• Dê toda atenção à pessoa que ligou. Nada de mascar chicletes, comer ou fazer qualquer tipo de barulho. "A pessoa do outro lado da linha pode achar que você não está dando a devida atenção."

• Jamais chame o cliente de querido, meu bem, meu amor, benzinho ou qualquer nomenclatura no diminutivo.

• Ao falar ao telefone, você é julgado pela dicção, capacidade de articular pensamento e por tratar os outros com cortesia ou não. A voz deve ser alegre, clara, calorosa e em bom tom, nem alta nem baixa demais.

• Ao atender telefonemas alheios, anote o recado, escreva o nome da pessoa que ligou, o número do telefone, o assunto e a hora, com letra legível e clareza.

• Evite, ao máximo, atender o telefone durante uma reunião, a não ser que a ligação seja extremamente importante ou ligada ao assunto da pauta.

- Desligar celular em reuniões.
- Não faça ligações pessoais demoradas, principalmente se for namorar.
- Nem pense em brigar com os "outros" pelo telefone.
- Retorne as ligações, mesmo que você não conheça quem deixou recados.
- Se estiver ocupado, não tenha medo de interromper a conversa. Diga que não pode falar e que ligará em seguida.
- Todos estão sujeitos a ter de atender um telefonema com alguém ao lado. Quando for inevitável, procure fazer com discrição. Nada de gestos, caretas ou comentários tapando o bocal.
- Cuidado com o toque do seu telefone, algumas "musiquinhas" são inconvenientes.

Quando se trata de e-mails

- Preto no branco, o mais importante é nunca, mas nunca mesmo, escrever algo que possa constrangê-lo depois.
- Evite intimidades exageradas.
- Escreva em um e-mail aquilo que você falaria pessoalmente para a pessoa.
- Frases de rotina, que são populares no jargão comercial do momento, tornam-se cansativas quando empregadas em demasia. Tome cuidado para não abusar de sua utilização.

- Verifique sempre a gramática e a ortografia do texto antes de enviá-lo. Nada pior do que um texto cheio de erros.
- Seja breve, claro e objetivo; hoje em dia, ninguém tem tempo para ler textos extensos demais ou ficar pensando em palavras fora de contexto.
- Um e-mail, apesar de também ser um documento, não deve ser tão formal quanto uma carta.
- Nada de mandar correntes, piadinhas e frases dúbias.

A EMPRESA VOLTADA PARA O CLIENTE

Os negócios

São as possibilidades de sobrevivência existentes em um mercado de economia global que devem ser desenvolvidas pelas empresas, de forma estratégica, por meio da realização de transações comerciais, visando sempre ao sucesso mercadológico.

O negócio da empresa pode ser de bens ou serviços e voltado para qualquer segmento de mercado, desde o mais simples ao mais complexo.

Alguns fatores podem contribuir para que a empresa perca o mercado, e um deles é, sem dúvida, o tratamento dado ao cliente. Vale reforçar que o poder, realmente, está em suas mãos e, por essa razão, devemos ponderar duas opções:

a. Perdê-los — O cliente mal atendido não volta.
b. Encantá-los — O cliente é nosso vendedor ativo.

Como vimos até agora, o atendimento afeta o negócio da empresa de várias maneiras: quanto à sua imagem, credibilidade de produto, resultados financeiros e operacionais e participação no mercado. O quadro a seguir exemplifica por que a qualidade do atendimento faz a diferença:

Produtos X Serviços

PRODUTOS	SERVIÇOS
Um objeto, uma coisa	Uma experiência
Tangível	Intangível
Habilidades técnicas	Habilidades humanas
Igual para todos	Diferente
Consistente/ Concreto	Não é consistente/ abstrato
Passa pelos sentidos	Depende do humor do profissional
Relação permanente	Relação instantânea
Todo o mundo vê	Só quem usufrui vê
Pode ser em série	A entrega é humanizada

Negociação

A negociação deve ser vista como um encontro de parceiros na busca de um acordo justo e vantajoso para ambas as partes.

O contexto emocional está presente em toda a negociação, e deve ser tratado com:

- **Percepção:** muitas vezes, o possível conflito está muito mais na mente das pessoas do que na realidade objetiva.
- **Emoção:** normalmente as pessoas entram em uma negociação preocupadas com os riscos existentes, e sentem-se facilmente ameaçadas.

- **Comunicação**: não queira impressionar, fale claro e diretamente com o outro negociador.

TÉCNICAS DE NEGOCIAÇÃO:

- Defina seus objetivos
- Busque o máximo de informações
- Saiba todas as possibilidades, seja flexível
- Separe pessoas dos problemas
- Identifique interesses comuns
- Crie opções de ganho para ambas as partes
- Apresente critérios objetivos
- Supere as objeções
- Demonstre imparcialidade
- Facilite a decisão do outro

Em um processo de negociação, não raras vezes as partes envolvidas se deparam com situações aparentemente incontornáveis, mas apenas aparentemente; concentre-se:

- nos movimentos expressivos que influenciam o resultado da negociação.
- reconheça a importância do fator "confiança".
- identifique as principais oportunidades para se obter o SIM.
- identifique os mitos que decorrem do processo de negociação.

É imprescindível que os negociadores sejam flexíveis, os bons negociadores possuem alta flexibilidade.

Qualidade Voltada Ao Cliente

Qualidade dos produtos + qualidade dos serviços = satisfação dos clientes

Vivemos em uma época na qual a única diferença visível para o cliente, entre vários produtos e serviços, muitas vezes não é mais do que uma distinta diferença na **Qualidade dos Serviços.**

Aquela diferença, aquela vantagem que se manifesta em uma sensação amigável e notável de aprovação.

Em geral, os clientes tomam decisões de compras ou adquirem nossos produtos com base na **Qualidade dos Serviços Oferecidos.**

Assim, as empresas devem desenvolver programas de qualidade que visam as melhorias contínuas, preocupando-se com:

Clientes

Desenvolver relações duradouras de alto nível, incorporando a voz do cliente em todos os aspectos da empresa.

Processos

Aperfeiçoar continuamente os processos, ao mesmo tempo que procura eliminar os que não agregam valores.

Pessoas

Estimular líderes que estejam empenhados no desenvolvimento dos colaboradores, unindo todos na busca de um objetivo comum, munidos dos equipamentos necessários e buscando exceder as expectativas dos clientes.

FATORES QUE DETERMINAM UM BOM ATENDIMENTO

TODO ATENDIMENTO TEM COMEÇO, MEIO E FIM.

COMEÇO:

É o momento de causar a "primeira grande impressão". Deve-se conquistar a fidelidade do cliente:
- Adotando uma postura de atendimento;
- Personalizando o cliente;
- Considerando o cliente, pois, antes de ser um "**CLIENTE, ele é um SER HUMANO**, e, como todo ser humano, tem suas individualidades;
- Diferenciando-se da concorrência:
- Buscando alternativas por meio dos serviços prestados, do **ATENDIMENTO**. Nos dias de hoje, não basta simplesmente satisfazer o cliente, é preciso que ele fique realmente impressionado com o atendimento recebido;
- Oferecendo sempre qualidade, dando ao cliente o que ele quer: **um bom Produto e/ou Serviço**; e ser bem tratado.

MEIO:

Depois de causar a "primeira boa impressão", deve-se dar início ao atendimento propriamente dito. Nessa fase, é necessário:
- Identificar as necessidades do cliente;
- Oferecer somente o que pode satisfazê-lo, dando informações claras e objetivas;
- Demonstrar sensibilidade, reconhecer sentimentos;

- Sempre que necessário, "pedir desculpas ao cliente";
- Superar a expectativa do cliente.

FIM:

No final do atendimento, você tem mais uma oportunidade de garantir a satisfação do cliente:
- Reveja os compromissos, se houver;
- Agradeça ao cliente, mesmo quando se trata de uma reclamação;
- Coloque-se à sua disposição, convide-o a voltar;
- Lembre-se sempre de seu cliente.

NÃO PODEMOS NOS ESQUECER DA FIDELIZAÇÃO DO CLIENTE

Muito se fala nessa palavra, mas na realidade pouco se faz para isso. Primeiro, é preciso saber que fidelização é o fator de diferenciação que faz seu cliente escolher a sua empresa em vez da concorrência. Fidelizar é manter clientes por mais tempo e conquistar uma parcela maior de negócios com cada um deles. Aqueles que ainda pensam que fidelização só fica na conversa, provavelmente desconhecem o valor que um cliente representa. Todas as ações de fidelização podem ser medidas em valores monetários e em ganhos de faturamento e lucro. Descubra o valor que um cliente tem para sua empresa e transmita a informação para todos os colaboradores, que devem saber o custo de perder um bom negócio. Podemos seguir algumas regras para fidelizar clientes, como por exemplo: reconheça e recompense seus clientes preferenciais, elabore programas de incentivo a clientes fiéis, desenvolva programas informativos a clientes que só compram uma de suas linhas de produtos, informe-os sobre tudo o que sua empresa pode oferecer e crie programas para clientes inativos. Comece por aí... e com certeza sua empresa vai começar a criar a cultura da fidelização.

Reclamações de cliente: é o momento de transformar a ameaça na grande oportunidade, revendo os processos e aprendendo com o próprio erro.

COMPORTAMENTOS QUE DEV[EM SER]
DERROTADOS DENTRO DE
QUALQUER AMBIENTE:

- Arrogância
- Ativismo
- Desânimo
- Ganância
- Inveja e fofoca
- Mau humor
- Negativismo
- Desinteresse

O QUE É PRECISO PARA SER UM BOM OUVINTE?

- **Paciência** – As pessoas que não ouvem, mas esperam para falar, são impacientes. Elas estão mais preocupadas com o que têm a dizer do que em ter uma conversa.

- **Concentração** – A distração é um problema comum e perceptível na capacidade de ouvir.

- **Foco** – É tentador fazer duas coisas ao mesmo tempo quando você fala ao telefone. Você terá conversas mais curtas e mais produtivas se estiver concentrando em apenas uma coisa: ouvir.

- **Não fazer deduções** – Outro problema é fazer deduções sobre o que você acha que a pessoa irá dizer.

Técnicas para ouvir com eficácia

A capacidade de ouvir não costuma ser valorizada. A maioria de nós presume, de maneira incorreta, que, quando escutamos alguém dizer alguma coisa, estamos ouvindo. Geralmente, ouvimos 25% ou menos do que escutamos.

Método eficazes para ouvir são fundamentais para ter boas técnicas ao telefone. Como não podemos ver a pessoa com quem estamos falando, não há dicas ou indícios físicos, como a linguagem corporal e o contato visual, para ajudá-lo a concentrar sua atenção e ouvir com eficácia.

Tipos de Cliente

Alguns tipos de cliente mais comuns que encontramos e, assim, podemos nos preparar melhor para atendê-los:

"O Briguento"

Como tratá-lo	Características
Evitar discussões e atritos.	Gosta de brigar.
Não usar o mesmo tom de voz que ele está usando.	Discute por qualquer coisa.
Direcioná-lo para o bom senso.	Não hesita em expor opiniões.
Usar suas próprias idéias para convencê-lo.	É inteligente, às vezes até brilhante.
Não ser bajulador.	
Saber ouvir.	

"O Presunçoso"

Como tratá-lo	Características
Ser simples em sua comunicação.	É o sabe-tudo.
Ser objetivo e humilde.	Raramente argumenta.
Obter sua confiança.	Quer e precisa dominar.
Trazê-lo para a realidade.	Deseja o poder.

Não evitá-lo.
Não temê-lo.
Deixá-lo expor suas idéias.
Ser um aliado.
Alimentar sua vaidade.
Ser agradável.
Satisfazer seus caprichos.

"O Calado"

Como tratá-lo
Obter sua confiança.
Empatia.
Fazer o cliente falar por meio
de perguntas que
exijam respostas abertas.
Fazer o cliente demonstrar
o que realmente sente.
Aproveitar todas as
oportunidades em que ele
demonstrar seu ponto de vista.
Propor um diálogo.
Não perder o domínio da conversa.

Características
Não responde as perguntas.
Deixa o atendente falando sozinho.
Não demonstra o que pensa.

"O Bem-Humorado"

Como tratá-lo
Conduzir o diálogo e mantê-lo.
Ser simples, simpático e
bem-humorado.
Procurar retornar o assunto.
Não se iluda: ele não é fácil.

Características
É muito simples.
É muito simpático e bonachão.
Aprecia uma conversa agradável.
É mestre em desviar o
atendente.

"O Indeciso"

Como tratá-lo
Ouça-o com atenção.
Dê-lhe apoio e sugestione
sua autoconfiança.
Se necessário, decida por ele.
Contrapõe-se aos argumentos
apresentados.

Características
Preocupa-se em saber se tomou a
decisão certa.
Desconfia da validade das
vantagens demonstradas.
Tem medo de tomar decisões.

"O Desconfiado"

Como tratá-lo
Apresente sua idéia
detalhadamente.
Tenha paciência, domínio
e segurança total.
Faça uma apresentação lógica.
Não se incomode de ser testado
Prefira a linguagem mais formal
Mostre os benefícios e as
vantagens.
Transmita segurança.

Características
Fica sempre na defensiva.
Coloca o atendente contra a parede.
Testa seus conhecimentos.
Não mostra se está gostando.
Geralmente raciocina em termos de economia, lucros, custos, vantagens.

A Empresa que Procura Encantar o Cliente Está Sempre um Passo à Frente da Concorrência.

Trabalhando as Objeções

Objeções básicas: Como chegar ao sim... aprendendo a dizer não!!!

Um aspecto bastante relevante em um processo de vendas ou para qualquer negociação é a conquista do SIM... Sim e Não são conceitos interligados e permanentes. Dizer não cria certeza nas relações. Seu interlocutor pode não gostar, mas respeitará você, porque o não, tal como o sim, faz parte do nosso dia-a-dia.

Como facilitar a obtenção do sim

Só propor algo depois de caracterizar bem as necessidades e expectativas, a idéia do sob medida facilita o sim.

O não e a objeção podem ser sintomas de interesse, não desista ao primeiro não.

Demonstre conhecimento técnico sobre o assunto, as pessoas dizem sim a quem reconhecem como competentes.

Quando tiver de dizer não, faça-o também com o corpo, ou seja, nosso corpo tem de acompanhar nossa linguagem.

Evite muitas justificativas, elas podem não aparentar firmeza.

Pressa, necessidade, interesse e dinheiro

> Uma objeção é uma dúvida ou problema (válido) sendo expressado pelo seu cliente. Devemos sempre preparar as respostas para as supostas objeções antecipadamente.

Como resolver:

- Aceite-a, depois explique novamente com outras palavras;
- Encoraje o cliente a falar mais sobre o assunto quando se trata de gestos de defesa;
- Responda diretamente quando perceber que se trata de dúvidas sobre o produto ou sua apresentação;
- Supere com benefícios voltados para o cliente quando perceber que realmente é uma objeção válida (quando o cliente tem um motivo real para não comprar ou adquirir algo).

A IMPORTÂNCIA DA COMUNICAÇÃO

O QUE É COMUNICAÇÃO?

Comunicação significa "tornar comum", trocar informações, partilhar idéias, sentimentos, experiências, crenças e valores, por meio de palavras, gestos, atos, figuras, imagens, símbolos, etc.

Comunicar tem o sentido de participar e estabelecer contato com alguém em um intercâmbio dinâmico e interativo.

Objetivos da Comunicação

- Entender e fazer-se entendido
- Dar e receber informações
- Criar e manter relacionamentos
- Persuadir e influenciar os outros
- Conquistar, manter ou exercer poder

Atitudes que Devem ser Evitadas

- Comer, mascar chicletes ou fumar quando estiver falando com clientes
- Monopolizar a conversa
- Discutir com o cliente
- Usar gírias
- Intimidade exagerada
- Palavras negativas, diminutivos
- Expressões que transmitem insegurança
- Prometer o impossível
- Demonstrar desinteresse, ansiedade
- Deixar alguém esperando
- Corrigir o cliente

Frases proibidas de Dizer:

- Não sei não
- Não podemos fazer isso
- O sr. tem que...
- Usar a palavra "não" no início de uma frase

Na comunicação com o cliente, deve-se:

- Manter as mão livres
- Escutar ativamente
- Praticar a empatia
- Ter sempre uma atitude positiva
- Ser sempre você

- Evitar artificialismo
- Antecipar-se ao problema
- Se você não entende algo, pergunte
- Agradeça sempre
- Aja com bom senso

Motivando para Vencer

O que diferencia o ser humano dos animais é a **inteligência** e a **vontade**.
Já diziam os filósofos: "A inteligência é um farol para iluminar o caminho, mas não se faz caminhar". Ela oferece capacidade para distinguir e discernir, mas não é o maior atributo do ser humano. O maior atributo é a vontade.

Infelizmente somos fracos de vontade. Hoje o mais importante é querer. **QUERER É O NOME DO JOGO.**

Somos inteligentes e livres pela vontade

Aquilo que eu fiz, falei, pensei, há 1 hora, 2 minutos ou mesmo 1 segundo, não me pertence mais, é passado. Não tenho domínio sobre o meu passado. Os filósofos franceses dizem que passamos 70% do nosso tempo vivendo o passado e, na maioria das vezes, com sentimento de culpa, pensando no que deveríamos ter feito, porque deixamos nossos filhos crescerem sem ficar tempo suficiente com eles, porque não demonstramos mais carinho aos nossos entes queridos antes que eles se fossem, etc. Não adianta, não somos livres de inteligência nem da vontade em relação ao passado. Não podemos mudá-lo.

A mesma coisa acontece com o futuro, daqui a 1 minuto não me pertence mais, e passamos 25% do nosso tempo pensando no futuro com dois tipos de sentimentos:

Primeiro: Ansiedade (será que vou conseguir?)

Segundo: Devaneio ou sonhar acordado (sou o melhor funcionário da empresa, o que falta é uma chance.)

"VIVER É CONCENTRAR A INTELIGÊNCIA E A VONTADE NO MOMENTO PRESENTE."

A NOSSA INTELIGÊNCIA SÓ SERVE PARA DISTINGUIR O QUE É:

1. **Essencial** – o que devo fazer já. O que mais leva aos meus objetivos.
2. **Importante** – o que devo fazer, mas depois de ter feito o essencial.
3. **Acidental** – o que devo fazer, mas depois de ter feito o essencial e importante.

As pessoas investem, vivem de ponta-cabeça, fazem tudo o que é acidental primeiro, raramente realizam alguma coisa importante e nunca têm tempo para o essencial.

SENSIBILIDADE

Ninguém no mundo é uma linha reta, todos os dias do mesmo jeito, nosso humor varia; a disposição oscila muito e não podemos viver dominados pela sensibilidade (hoje estou de bom humor, hoje não fale comigo). Precisamos buscar o equilíbrio da sensibilidade.

"VIVER É CONCENTRAR TODA A MINHA IN-TELIGÊNCIA E TODA A MINHA VONTADE DIRIGIDA AO ESSENCIAL NO MOMENTO PRESENTE."

"VIVER É TRABALHAR"

"Todos temos um dia de 24 horas divididas em três etapas:

8 horas de repouso, em que não sou livre nem inteligente, enquanto durmo.

8 horas de trabalho, onde está a minha concentração (por conseqüência, passamos as 8 melhores horas do dia multiplicadas pelos 35 melhores anos da vida e, por isso, precisamos que sejam especiais.)

8 horas de atividades diversas, quando faço várias coisas de que gosto ou não gosto.

Nós somos o que fazemos – Daí a expressão: "Fulano é uma pessoa realizada".

DICAS PARA A ADMINISTRAÇÃO DO TEMPO

AS SEGUINTES SUGESTÕES DEVEM AJUDÁ-LO A FAZER O MELHOR USO DO SEU TEMPO

- Descubra para onde vai o seu tempo, usando um registro de controle diário do tempo para acompanhar no que cada hora é gasta.
- Identifique os desperdiçadores de tempo e desenvolva estratégias para superá-los.
- Estabeleça metas realísticas para si mesmo.
- Use um planejador diário para ajudar a organizar o que precisa ser feito e para programar seu tempo.
- Reserve os seus momentos mais produtivos durante o dia para os itens de máxima e alta prioridade em sua lista de "coisas a fazer".
- Tome atalhos sempre que possível, ou seja, o que eu posso fazer para reduzir o tempo dessa tarefa.

- Aprenda a simplificar e padronizar as tarefas e a eliminar aquelas que são desnecessárias.
- E, principalmente, utilize alguns princípios motivacionais, pois, para manter a sua motivação em um nível elevado e reforçar seu compromisso de realizar as coisas que sejam importantes para você:
Tenha uma visão positiva
Acredite em si mesmo
Mantenha a sua auto-estima
Estabeleça metas significativas para si mesmo
Desenvolva planos de ação
Descubra maneiras de tirar prazer de seu trabalho
Mantenha o seu entusiasmo
Não seja excessivamente crítico consigo mesmo
Evite as pessoas que sejam negativas
Desenvolva todas as dimensões de si mesmo
Jamais pare de aprender
Peça ajuda quando necessário
Visualize o seu sucesso
Deixe que os outros compartilhem de seu sucesso
Saboreie suas realizações
Seja grato por sua sorte

As pessoas bem-sucedidas dizem freqüentemente que acham seus trabalhos um divertimento, e não uma labuta; como resultado, terminam por trabalhar mais e tornam-se ainda mais bem-sucedidas.

Ética no trabalho

- Seja honesto em qualquer situação.
- Nunca faça algo que você não possa assumir em público.
- Seja humilde, tolerante e flexível; muitas idéias aparentemente absurdas podem ser a solução para um problema.
- Saiba trabalhar em equipe.
- Não faça julgamentos precipitadamente.

- Dê crédito a quem mereça.
- Não aceite elogios pelo trabalho de outra pessoa.
- Pontualidade vale ouro.
- Evite criticar os colegas de trabalho.
- Se tiver de corrigir ou repreender alguém, faça-o em particular.
- Respeite a privacidade do vizinho.
- Não mexa na mesa, nos pertences e documentos de colegas de trabalho.
- Devolva tudo o que pedir emprestado.
- Ofereça apoio aos colegas.
- Aja de acordo com seus princípios e assuma suas decisões.

REUNIÕES: COMO GANHAR TEMPO!!!

A reunião é uma ferramenta de coordenação, possibilitando que um grupo de trabalho tenha em mente os mesmos objetivos.

PARA TORNAR UMA REUNIÃO EFICAZ, DEVEMOS TOMAR ALGUMAS PROVIDÊNCIAS:

- Os participantes devem ser convocados com antecedência, no sentido de estarem preparados.
- Na convocação, deve estar bem claro o motivo, a ordem ou pauta.
- Também deve constar o horário de início e término, bem como lista dos participantes e local da reunião.

Alguns erros cometidos em reuniões:

- O coordenador dá inicio sem explicar os objetivos
- Conversas paralelas
- Atitudes autoritárias
- Atrasos
- Desvio dos objetivos
- Interrupções freqüentes
- Acomodações inadequadas
- Falta ou excesso de material audiovisual

Quem é o Cliente?

O cliente sempre será a pessoa mais importante de uma empresa, em pessoa, por telefone, por e-mail ou pelo reembolso postal.

O cliente não depende de nós, nós dependemos do cliente.

O cliente não é uma interrupção do nosso trabalho, é a razão da existência do nosso trabalho.

Nós não estamos fazendo um favor em servi-lo, ele é quem está fazendo um favor em nos dar a oportunidade de servi-lo.

O cliente não é alguém com quem se mede forças ou se discute, nunca ninguém ganhou discutindo com o cliente.

Nossa tarefa é satisfazê-lo da melhor maneira possível para que possamos ficar satisfeitos.

O cliente é uma pessoa que nos traz suas necessidades.

Fechando com chave de ouro

"Fazendo um fantástico fechamento, você '*chama*' o Cliente; possibilita que o famoso 'volte sempre' efetivamente se concretize. Portanto, assim como a recepção, o FECHAMENTO é um Momento de Verdade com o qual devemos ter extrema atenção. O FECHAMENTO é o 'mais recente' contato feito, é a mais recente 'Impressão' que o Cliente tem de você; por isso tende a ser fixado (ficar na memória) com mais facilidade."

Para fazer um fechamento com chave de ouro:

- Pergunte ao Cliente se está satisfeito.
- O (a) senhor(a) tem alguma dúvida?
- Gostaria de outras informações?
- Reforce que estará sempre à disposição.
- Agradeça sempre, muito obrigado por... sua... visita... presença... elogio... contato... ligação... preferência... etc...
- Não espere! No fechamento de um contato, gere sempre um oportunidade para agradecer o Cliente.
- A gratidão gera simpatia e fidelidade.
- Cumprimente sorrindo, com energia.

Ladrões de Tempo

Para que você possa experimentar e colocar em prática no seu dia-a-dia as dicas a seguir, é necessário descobrir quais são os seus "ladrões de tempo". A experiência nos mostra que, na verdade, os "ladrões de tempo", também conhecidos como desperdiçadores de tempo, na maioria das vezes são criados por nós mesmos.

Eis alguns exemplos:
Quanto tempo gastamos interrompendo nosso trabalho para:

- Atender um telefonema particular
- Abrir correspondências
- Deixar tarefas inacabadas
- Começar vários trabalhos ao mesmo tempo
- Visitantes que aparecem sem avisar
- Cansaço
- Mesa de trabalho totalmente bagunçada
- Ausência do local de trabalho

- Atrasos
- Conversa fiada – bate-papo inútil
- Etc, etc, etc...

Você poderá ter algumas surpresas, como:

Descobrir que seu maior ladrão de tempo pode ser você mesmo....

Como administrar mais e melhor o seu tempo:

- Procure trabalhar com metas
- Planejamento
- Mais concentrado
- As tarefas importantes e não urgentes
- Agrupando as tarefas semelhantes
- Com a mesa limpa
- Atingindo objetivos

ORDEM NA CASA, ORDEM NA VIDA

Viver desorganizadamente é mais caro e estressante

- Primeiro passo: Não bagunçar, acostume-se a devolver tudo a seu devido lugar.
- Segundo passo: Menos armários e gavetas resultam em maior organização. "Quanto mais espaço, mais bagunça".
- Terceiro passo: Não deixe trivialidades engolir seu tempo.
- Quarto e último passo: Pergunte-se:

Você navega na internet sem objetivo claro?

Lê e-mails antes de qualquer coisa?

Começa o dia sem um plano?

Faz tarefas que outros deveriam fazer?

Está se preocupando com sua leitura?

PARA FINALIZAR

Que bom seria se nossa empresa reinasse sozinha no mercado, sem concorrentes diretos. Deve dar uma tranqüilidade enorme comandar uma empresa como essa... mas cuidado, isso é ilusão; a empresa que pensa estar sozinha no mercado corre o risco de ficar acomodada a ponto de não estar pronta para situações adversas. Diversas situações podem se materializar de uma hora para outra; para que isso não ocorra, é preciso estar sempre prevenido, sempre alerta às movimentações de mercado; para isso, é imprescindível manter-se informado: saiba o que está acontecendo... e nunca seja o último a saber...

A chegada de uma nova empresa ou um novo produto ao mercado traz pelo menos dois grandes desafios: o primeiro, e talvez o principal, é o peso do fator novidade, é quase que hipnótico, os consumidores gostam de novas opções de compra, e muitas empresas, especialmente as maiores, sabem como capturá-los por esse desejo. Se for uma empresa com um nome forte na mídia, a novidade ganha proporções maiores ainda. O jeito é enfrentar a novidade com novidade!!! CRIE... Existe um ditado popular que diz: para sair da crise, tire o "s"...

Isso nos faz lembrar de uma palavra que por muitas vezes não usamos em nosso dia-a-dia: CRIATIVIDADE!!!

Se você acredita que criatividade só se associa ao meio artístico ou só para mentes iluminadas, o mundo de hoje prova que podemos nos enganar. Agora, com o mundo coorporativo cada vez mais explorado e saturado sob todos os aspectos, a sobrevivência, seja de um profissional, uma empresa ou um serviço, está nos diferenciais, isto é, na capacidade de inovar.

A criatividade não está apenas nas grandes ações mercadológicas, nas grandes campanhas publicitárias a que assistimos na mídia, ela é muito mais comum do que se imagina; está em todas as áreas de conhecimento e, principalmente, na busca de uma solução para um entrave que esteja nos incomodando.

Quantas vezes ouvimos "dê um jeito", "encontre uma solução" "resolva", "procure a melhor saída". Todos esses apelos pedem uma única saída: CRIATIVIDADE.

Com o passar do tempo e com nossas atribulações diárias, estamos deixando de lado nossa capacidade de criar, e a dica pode estar em valorizar todas as idéias e inovações. A nossa mente trabalha com quatro funções básicas: ela absorve a informação, retém o que interessa, cria com base nessas informações e depois julga. O que freqüentemente acontece é que tumultuamos essa ordem; ao mesmo tempo que estamos criando, começamos a julgar, e isso inibe o processo de criação; quando estamos tendo uma idéia, começam a vir outros pensamentos, como por exemplo: "se ninguém fez ainda é porque não dá certo". Pronto... já se foi uma grande idéia. O correto é daqui para a frente relacionar todas as idéias e só depois iniciar um possível julgamento e, com certeza, a criatividade estará sendo colocada em prática.

Este assunto nos leva a outro questionamento: a Identificação de oportunidades!!!! Que por sinal tem um papel central na atividade empreendedora. Entre os atributos fundamentais de um empreendedor está a capacidade de identificar, agarrar e buscar recursos para aproveitar uma oportunidade. Ao definir oportunidades, muitas vezes empregamos o conceito de idéias, graças à sua importância para a atividade empreendedora; afinal, atrás de uma oportunidade existe sempre uma idéia, mas idéias são diferentes de oportunidades; boas idéias não são necessariamente oportunidades, e não saber distinguir umas das outras é uma das grandes causas do insucesso entre os empreendedores.

Portanto, que possamos não só identificar as oportunidades, mas também colocá-las em prática.

Estamos nos preparando para nos tornarmos "Campeões de Vendas", certo??? Mas quem na realidade é o campeão de vendas?

O vendedor campeão não é necessariamente aquele que alcança os melhores números em vendas ou em volumes comercializados ao longo do período, mas, de fato, assim como nos esportes, um campeão não é reconhecido pelos resultados que alcança, mas também "fora das quadras". Para ser respeitado como um verdadeiro campeão e até servir de exemplo, um vendedor não pode perder de vista que ele faz parte de uma equipe e que o fato de estar no topo dos que mais vendem não significa ter regalias ou privilégios. Pode, sim, ser premiado pela empresa, mas com cuidado para não erguer um muro entre ele e os demais integrantes da equipe. O que torna uma situação ainda mais provável se o tal campeão for do tipo "fominha", que quer todas as vendas para ele, não deixando espaço para os outros.

Sabemos que as pessoas não gostam de alguém que venda algo para elas, mas adoram comprar. Seu trabalho como vendedor experiente consiste em criar uma atmosfera em que as pessoas queiram comprar e voltar e, principalmente, sintam-se satisfeitas com os produtos ou serviço adquiridos.

Enfim... O profissional de hoje busca se destacar cada vez mais no meio da multidão; afinal, neste mundo globalizado, vence quem apresentar um diferencial competitivo. Assim sendo, este livro não tem pretensão nenhuma de ditar regras, mas sim proporcionar aos leitores ferramentas para serem utilizadas no mercado empresarial. De uma forma direta e objetiva preparamos alguns pontos que podem contribuir para o mundo empresarial, como também para realizar conquistas importantes para sua carreira.

Toda estratégia começa pela análise da situação atual: Assim, podemos parar e pensar:

Como andam seus sonhos, você está atingindo seus objetivos pessoais e profissionais? Os dois andam juntos?

É ilusão pensar que um vai bem sem o outro, os tópicos abordados podem ser o início de seu projeto, estamos passando por um período de grandes turbulências, mas que é, na verdade, uma ruptura dos padrões de trabalho.

VENCE SIM !!!... AQUELE QUE ESTÁ SEMPRE NA BUSCA DE SEUS PLANOS E OBJETIVOS...

Referências Bibliográficas

Bibliografia Básica

ALMEIDA, Sérgio. *O Melhor sobre Clientes*. São Paulo, Casa da Qualidade, 2000
BERRY, Leonard. *Serviços de Marketing*. São Paulo, Maltese, 1999.
BORDIN, Sady. *Marketing Pessoal, dicas para valorizar sua imagem*. São Paulo, Record, 2003.
CARVALHO, Gilmar. *Eu administro assim, e você?* São Paulo, STS, 2001.
CHIAVENATO, Idalberto. *Introdução geral à administração*, São Paulo, McGraw-Hill, 1990.
COBRA, Marcos. *Estratégias de serviços*. São Paulo, Cobra, 2000.
CRANDALL, Rricch. *Marketing de Serviços*. São Paulo: Editora Makron, 1999.
KISHEL, Gregory. *Marketing de rede de vendas*. São Paulo, Makron, 1999.
KOTLER, Phillip. *Administração de Marketing*. São Paulo, Pearson, 2002.

LAS CASAS, Alexandre. *Administração de Vendas*. São Paulo, Atlas, 1999.
LAURINDO, Marcos. *Marketing Pessoal*. São Paulo, Altano, 2000.
MIRANDA, Roberto. *Marketing do Varejo*. Rio de Janeiro, Qualitymark, 1997.
RODRIGUES, Valter. *Marketing no varejo*. São Paulo, Globo, 1997.
XAVIER, Ricardo. *Você S/A*. São Paulo, STS, 1998.
WESWOOD, John. *O plano de marketing*. São Paulo, Makron, 1998.
ZENONE, Luiz Cláudio. *Marketing na Comunicação*. São Paulo, Futura, 1998.

BIBLIOGRAFIA COMPLEMENTAR

Apostilas: Técnicas de Vendas (Senac)
Atendimento ao cliente (Senac)
Formação de atendentes (Sebrae)
Jornal *A Voz do Litoral* – Guarujá – SP
O poder do atendimento (Siamar)
Qualidade em prestação de serviços, Editora Senac
Veja – Editora Abril
Vídeos/treinamento *Motivando para vencer* (Luiz Marins Filho):- Commit
Você S/A – Editora Abril
30 anos de idéia, fazendo empresas felizes e competitivas, Marco Aurélio F. Viana, Ed. Gente.
100 Segredos das pessoas de sucesso, David Niven, Sextante.